KB080513

각자도사 사회

각자도사 사회

존엄한 죽음을 가로막는
불평등한 삶의 조건을 성찰하다

송병기 지음

차례

2부
보편적이고 존엄한 죽음을 상상하다

들어가며

어린 시절, 작은할머니의 장례에서 처음으로 죽음을 생각했다. 장례는 기이한 연극처럼 보였다. 상복을 입은 어른들이 일제히 소리 내어 우는 모습이 신기하면서도 무서웠다. 특히 장지에서 영구를 광중에 넣는 하관(下棺) 장면을 보고는 충격을 받았다. 할머니를 좁은 나무 상자에 넣고 땅속에 묻는 행위는 도무지 이해하기 어려웠다. 옆에 있던 큰아버지의 옆구리를 손가락으로 찌르며 다급하게 물었다. "나도 죽으면 땅속으로 들어가야 하나요?" 그는 히쭉 웃더니 난해하게 대답했다. "세상에는 말이 안 되면서도 말이 되는 일도 있다. 장례 덕분에 할머니는 죽은 뒤에도 우리와 함께 잘 지낼 수 있단다."

우리의 삶과 죽음은 복잡하게 얽혀 있다. 소멸한 말소리에 상처를 받기도 하고 용기를 내기도 한다. 사진을 보며 어제를 회상하고 오늘을 이해한다. 역사를 배우고 문화유산을 보존한다. 개천절, 3·1절, 광복절에 민족의 얼을 되새기고 선열을 추모한다. 명절 때 차례를 지내고 성묘를 간다. 애도와 기도를 통해서 죽은 이를 기억한다. 그렇게 우리는 되돌아갈 수 없는 시간을 되돌아보며 살아간다. 더욱이 우리 몸을 구성하는 세포도 죽고 태어나고 살기를 반복한다. 죽지 않는 암세포는 오히려 몸이라는 유기체를 죽인다. 더 근본적으로 몸은 불멸의 원자로 이루어져 있다. 출생이 원자의 모임이라면 죽음은 원자의 흩어짐이다. 관점에 따라 원자의 자리에 영, 혼, 넋, 또는 법을 넣을 수도 있다. 요컨대 삶과 죽음은 서로 대립되는 개념이 아니다.

하지만 현실에서 죽음은 삶을 위협하는 방식으로 나타난다. 삶에서 떼어놓아야 할 문제로 취급된다. 어느 전문가는 조금이라도 젊을 때부터 몸, 마음가짐, 자산을 철저히 관리해야 잘 죽을 수 있다고 주장한다. 또 어떤 권위자는 규칙적인 생활 습관, 긍정적 사고방식, 원만한 대인관계, 최첨단 의료 기술, 탄탄한 경제력으로 질병, 노화, 죽음을 제압할 수 있다고 말한다. 그들은 좋은 죽음을 위해서는 능동적인 준비 과정이 필요하다고 가르친다. 독립적이고, 자율적이고, 책임감 있는 개인이 되어야 한다고 강조한다.

그들이 늘어놓는 엄중한 훈계와 지도에도 불구하고 풀리지 않는 의문들이 있다. 왜 현실에서 죽음은 '문제'로 나타나는가? 죽음을 문제로 여기게 되는 그 '현실'이란 무엇인가? 죽음의 문제는 개인과 현실의 '관계'에 따라 다르게 찾아오는 것은 아닐까?

죽음은 개인적인 경험인 동시에 사회적으로 매개된 현상이다. 예컨대 내가 요양원, 요양병원, 호스피스, 대학병원에서 현장 연구를 할 때 만난 사람들은 죽음에 관심이 많았다. 수년째 아버지를 요양병원에서 간병하던 한 보호자는 자살을 빈번하게 생각했다. 어느 의사는 치료를 중시하는 의대 교육을 받고 돌봄이나 죽음을 진지하게 생각하기 어려워졌다고 말했다. 한 간호사는 근무시간에 수십 명의 환자와 보호자를 상대해야 하는 일터가 살인적이라고 말했다. 간병인과 요양보호사는 바쁘다는 이유로 자신도 모르게 노인을 학대하고 있는 건 아닌지 걱정하며 자기 검열을 했다.

그런가 하면 어느 요양원 노인은 "더러운 꼴 안 보고 깔끔하게 죽고 싶다"며 눈물을 보였다. 요양병원에서 수년째 어머니의 간병을 하던 아들 내외는 "고령화 시대에 안락사 제도는 꼭 필요하다"고 목소리를 높였다. 사람들은 '존엄한 죽음'보다 '깔끔한 죽음'을 원했다. 깔끔한 죽음을 존엄한 죽음이라고 여졌다. 몸을 '생산가능' 여부로 판단하고, 돌봄에 가치를 부여하지 않으며, 제도에 대한 불신이 가득한 곳에서 희망할 수 있는 죽음이란 신속하고, 정확하고, 효율적인 자살이나 안락사였다.

오늘날 우리가 경험하는 죽음의 문제는 마치 주사위 놀이 같다. 먼저 '보이지 않는 손'이 노화, 질병, 돌봄, 죽음을 새긴 주사위를 던진다. 그 결과는 '우연히' 누군가의 일상에 들이닥친다. 각자 그 문제에 대응하기 위해서 또 다른 주사위를 던진다. '행운'을 기대하면서 던지는 주사위다. 최대한 천천히 늙기를, 덜 아프기를, 깔끔하게 죽기를 바라며. 또 착하고 경제력도 갖춘 가족이 나를 잘 돌보기를, 다정하고 친절한 의료진을 만날 수 있기를, 말 잘 통하고 헌신적인 간병인을 만날 수 있기를 기대하며 주사위를 던진다. 그런데 '만약' 주사위 던지기의 결과가 나쁘거나, 더 이상 던질 주사위가 없다면 어떻게 할 것인가? 주사위 놀이는 양면적인 성격을 갖고 있다. 하나는 우연, 운, 기회, 가능성을 뜻하고, 또 하나는 투기, 모험, 위험, 사행성을 의미한다.

혹자는 말한다. "각자의 삶은 스스로 책임져야 한다. 모든 사람은 죽는다. 죽음이라는 운명을 누구나 '평등'하게 받아들일 뿐이다"라고. 그런 주장은 합리적으로 보인다. 그러나 이 주사위 놀이는 얼핏 보기에는 평등한 것 같지만 사실은 불평등한 세계와 밀접한 관계를 맺고 있다. 주사위 놀이의 인기 비결은 불평등함에 있다.

우리 삶이 불평등하면 할수록 주사위 놀이는 '아찔한 모험'이자 '합리적 투기'가 되어 세간의 관심을 끈다. 반면, 어떤 주사위를 던져도 누구나 존엄하게 살고, 늙고, 아프고, 죽을 수 있다면 그 놀이는 시시한 장난에 그칠 것이다.

이러한 현실에서 죽음은 의료만의 문제라기보다는 정치의 문제에 가깝다. 죽음은 개인적인 일인 동시에 내가 사는 일상, 사회와 분리해서 생각할 수 없는 문제다. 환자, 보호자, 의료진의 이야기로 국한할 수 없다. 존엄하게 죽기 위해서는 존엄하게 살 수 있는 사회 안에 있어야 한다.

그럼 어떻게 해야 하는가? 언론 보도에 등장하는 명의, 신약, 의료 기술, 자기계발 담론에 귀 기울이는 만큼 왜 사람들이 일하다가 죽고, 가난해서 죽고, 학대로 죽고, 고립으로 죽고, 차별로 죽는지 관심을 가져야 한다. 그 '사건 사고'가 어떻게 나의 노화, 질병, 돌봄, 죽음과 연결되는지 살펴봐야 한다. 우리가 경험하는 죽음의 문제를 사회적으로 또 정치적으로 전환해볼 수 있는 상상력이 필요하다.

존엄한 죽음은 어느 장소에만 있는 것도, 어느 날 하늘에서 떨어지는 것도 아니다. 존엄한 삶과 죽음이 무엇인지 끊임없이 묻는 과정에, 그리고 두툼한 생각으로 채워진 해답지를 만드는 데 이 책이 조금이라도 보탬이 되기를 바란다.

2023년 2월
송병기

1부

각자 알아서 살고,
각자 알아서 죽는 사회

1

집

집은 좋은 죽음을
보장하는 장소인가

열악한 주거 환경 속에서 사회적 자본이 빈약한 노인에게
집은 안식처라기보다는 고립된 장소다.

병원이나 요양원에서 현장 연구를 할 때 자주 듣는 질문이 있다. "노인이 그간 살아온 익숙한 장소에서 적절한 돌봄을 받으며 임종할 수는 없을까요?" 단박에 대답하기 어려웠다. 이 질문에는 덧씌워진 주름이 많았다. 사람들이 왜 이 질문을 했는지, 또 어떻게 이 문제를 인식하고 있는지가 보다 중요하게 느껴졌다. 예컨대 시설에 거주하는 노인 환자에게 이 물음은 팍팍한 일상에 대한 울적한 회포에 가까웠다. 보호자는 이 질문으로 시설 서비스에 대한 불만족을 에둘러 표현했다. 한편 의사, 간호사, 요양보호사, 간병인은 이 물음으로 환자 한 명한 명의 삶보다는 신체 관리에 더 집중할 수밖에 없는 시설 운영의 한계를 간접적으로 인정했다.

집에서 임종하는 일은 현실적으로 어렵다. 이는 노인의 식사, 위생, 정서, 안전, 건강을 누가, 어떻게 지속적이고 종합적으로 돌볼 수 있는가에 대한 문제이기도 하다. 생계 걱정 없이 집에서 노인 돌봄에만 전념할 수 있는 가족은 드물다. 더욱이 집이 시설보다 무조건 낫다는 보장도 없다. 열악한 주거 환경 속에서 사회적 자본이 빈약한 노인에게 집은 안식처라기보다는 고립된 장소다. 생애 말기 돌봄에서 '집'이란 무엇일까?

한국에서 생애 말기 돌봄의 흐름은 일종의 '오디세이아'다. 집에서 머물던 돌봄과 죽음이 집을 떠났다가, 다시 집으로 돌아오는 서사로 볼 수 있다. 이 돌봄 오디세이아는 1990년대, 2000년대, 2020년대라는 세 시기로 간추려볼 수 있다. 오늘날 상식으로는 믿기 어렵지만 1990년대까지만 하더라도 대다수 한국인들의 생애 말기 돌봄과 죽음은 집 안에서 벌어지는 일이었다. 예컨대 1992년 사망자 약 23만 명 중 병원에서 임종한 사람은 약 4만 명에 그쳤다.[1] 말기 돌봄과 죽음이 주로 집에서 이뤄지다 보니 사망 원인 분류에 '증상불명확'이란 항목이 있을 정도였다. 해를 넘겨 사망신고를 하는 지연 신고 문제도 불거졌다. 이처럼 대다수 사람들에게 돌봄과 죽음은 의료(진단과 치료)와 행정(규정과 절차)의 영역이라기보다는 '집안일'에 가까웠다.

하지만 2000년대에 들어와 상황이 달라졌다. 통계청에 따르면 2008년 한 해 사망자 중 63.7퍼센트가 '병원사'였던 반면 '재택사'는 22.4퍼센트에 머물렀다. 이 시기 말기 돌봄과 죽음은 의료보험을 타고 집 밖으로 나섰다. 2003년 공무원 의료보험공단·직장 및 지역 의료보험조합들과 그 기금들이 국민건강보험으로 완전 통합됐다. 병원의 문턱이 낮아졌다. 과거 '노환'이었던 것들이 파킨슨이나 알츠하이머 같은 진단명으로 세분화되었고, 의료 서비스의 대상이 되었다. 1990년대 존재했던 증상불명확이란 항목 역시 통계청 사망 원인 분류에서 사라졌다.

2008년 '세브란스병원 김 할머니 사건'은 생애 말기 돌봄의 흐름을 파악하기 위한 의미 있는 이정표다. 폐암 조직 검사를 받다가 과다 출혈로 인한 뇌손상으로 식물인간 상태에 빠진 김 할머니의 의료행위(인공호흡기 등)를 둘러싼 보호자(치료 중단)와 병원(치료 지속) 간의 갈등이 소송으로 번졌다. 이 사건에 대해 다양한 해석이 존재하지만, 무엇보다 말기 돌봄과 죽음이 바야흐로 환자, 보호자, 의료진 간의 협상과 결정의 문제가 됐다는 점에 주목할 필요가 있다. 그 후로 자기결정권, 신성한 생명, 존엄사, 연명의료 같은 '협상 용어'들이 널리 퍼졌다.

마침 같은 해에 "고령이나 노인성 질병 등으로 일상생활을 혼자서 수행하기 어려운 이들에게 신체활동 및 일상생활 지원 등의 서비스를 제공하여 노후 생활의 안정과 그 가족의 부담을 덜어주기 위한" 노인장기요양보험제도 또한 실시됐다.[2] 이 사회보험은 노년과 돌봄을 '노후 안정'과 '가족 부담 덜기'라는 매끈한 언어로 갈아 끼우고서는 요양 시설에 푹 밀어 넣었다. 이런 흐름 속에서 생애 말기 돌봄은 각종 시설이 관리하고 처리하는 일이 되어갔다.

그 후 10여 년이 흐른 2020년 병원사 비율은 75.6퍼센트를 기록했다. 하지만 이 통계 수치를 놓고서 환자와 보호자가 시설형 말기 돌봄을 좋아한다고 단언하기는 어렵다. 오늘날 언론 보도에서도 쉽게 찾아볼 수 있듯이, '병원 객사'라는 표현은 '집에서 죽는 것이 좋은 죽음(혹은 자연사)'이라는 가치판단을 담고 있다. 물론 여기에는 요양·의료 시설 내 환자 소외 문제가 한몫했다.

이런 이유에서인지, 말기 돌봄으로 인한 건강보험과 노인장기요양보험의 재정 부담 때문인지 애매하지만, 현재 정부는 이른바 '커뮤니티 케어(지역사회 통합 돌봄)' 사업을 시범 운영하고 있다. 보건복지부에 따르면 이것은 "돌봄이 필요한 주민이, 살던 곳에서 개개인의 욕구에 맞는 서비스를 누리고 지역사회와 함께 어울려 살아갈 수 있도록 주거, 보건의료, 요양, 돌봄, 독립생활 등을 통합적으로 지원하는 지역 주도형 사회 서비스 정책이다."[3] 요약하면 생애 말기 돌봄을 다시 집으로 돌려보내겠다는 말이다. 시나브로 돌봄과 죽음이 '귀가'할 채비를 하고 있다.

사람의 '몸'을 만드는 역동적 장소

집은 좋은 죽음을 보장하는 장소인가? 그래서 과거 사람들은 집에서 좋은 죽음을 맞이했는데, 지금 사람들은 집 밖에서 나쁜 죽음을 당하는 것인가? 돌봄과 죽음의 우여곡절과는 대조적으로 집은 고정적이고 순진하게 묘사된다. 예를 들면, '내가 살던 곳', '자연스러운 곳', '늘 그대로인 곳', '마음이 편한 곳', '가족이 있는 곳', '사랑하는 이가 있는 곳', '원래 사람들이 임종했던 곳' 등등이다. 이런 언표들 속에서 집은 돌봄과 죽음의 도덕적 배경으로 쪼그라든다. 그러나 집은 환자, 돌봄 제공자, 사회 사이의 관계를 형성하는 역동적 장소에 가깝다.

집은 무엇보다 사람의 '몸'을 만드는 장소다. 사람은 생애 초기에 집이라 불리는 곳에서 타인에게 음식물 섭취(nature)와 양육(nurture)을 의존한다. 돌봄 제공자(예컨대 부모)는 거처를 마련하고, 청소하고, 빨래하고, 요리하고, 밥을 먹이고, 용변을 치우고, 잠을 재우고, 이름을 지어주고, 말을 거는 행위 등을 통해 돌봄 수혜자(아이)와 관계를 맺는다. 일방적으로 보일 수 있지만 사실 이 관계는 상호적이다. 돌봄을 통해 아이의 몸이 성장할 뿐만 아니라 어른의 몸도 변화를 겪기 때문이다. 집에서부터 사람의 몸은 생물학적(nature)인 동시에 사회적(nurture)으로 형성된다. '집에서 함께 밥을 먹는 사이'를 의미하는 식구

(食口)가 가족(家族)의 유의어인 것은 의미심장하다.

　평생 온돌방에서 지냈던 노인이 어느 날 병원 침대 위에서 잠 못 이루는 상황은 단순히 환경의 낯섦이나 불편함 때문이 아니다. 이 상황은 자신의 몸과 집에 축적된 관계망의 상실을 의미하는 '사건'이다. 환자들이 표준화된 지침에 따라 운영되는 병원이나 요양원이 아닌 '내 몸이 편안한 집'을 선호하는 것은 자연스러운 일이다. 하지만 이러한 바람과 현실이 꼭 일치하지는 않는다. 누구는 집에서(시설에서도) 빈틈없는 돌봄을 받으며 임종하고, 다른 누구는 집에서(시설에서도) 고립되어 사망한다. 생애 말기 돌봄이 환자와 돌봄 제공자의 '삶의 조건'에 따라 크게 달라지기 때문이다.

집안일

　특히 환자와 돌봄 제공자의 삶의 조건에 영향을 미치는 '집안일'에 주목할 필요가 있다. 생애 말기 돌봄은 대개 집안일로 시작된다. 국립국어원 표준국어대사전은 집안일을 "살림을 꾸려나가면서 하여야 하는 여러 가지 일. 빨래, 밥하기, 청소 따위"로 정의한다. 집에서 '독립적'으로 살던 사람이 생애 말기에 타인에게 먼저 '의존'하는 것이 이 집안일이다. 사전은 집안일과 어울리는 '집안사람'이 누구인지도 알려준다. 바로 아내 (집 '안에' 있는 사람)다. 예나 지금이나 집안일은 대개 여성의 역할로 여겨진다. 생애 말기 돌봄에서 이 집안일은 차츰 간병뿐만 아니라 집안 분위기까지 고려해야 하는 감정 노동으로도 이어진다. 집안일이 생애 말기 돌봄이라고 해도 과언이 아니다. 1990년대까지 대다수 한국인이 집에서 임종했다는 사실은 바꿔 말하면 집에서 주로 여성(할머니, 어머니, 며느리, 아내, 딸 등)이 환자를 위해 이 집안일을 도맡았다는 의미이기도 하다. 그 시작부터 생애 말기 돌봄은 성별 분업에 기반했고, 집 안에 고립되어 있었다. 공적 돌봄과 복지의 공백은 개인(가족)의 '도리', '효', '천성', '사랑'과 같은 언어와 실천으로 메워졌다.

1995년 박완서의 소설《환각의 나비》는 이러한 사회적 흐름의 폐해를 날카롭게 포착한다. 이 작품에서 딸네와 아들네는 치매 노모 부양으로 첨예한 갈등을 겪는다. 이 불화의 중심에는 노인이 "아들이 있는데도 딸네에 의탁하거나 거기서 죽는 것은 절대로 해서는 안 되는 치욕이라는, 관념"이 자리하고 있다.[4] 당시만 해도 노부모는 '결혼한 아들 집에 있는 여자(며느리)'의 돌봄을 받도록 권장됐기 때문이다. 따라서 딸네에 있었던 노모는 아들네에서 살게 된다. 하지만 딸은 아들네에서 눈칫밥을 먹는 노모가 내내 마음에 걸린다. 딸은 다시 자기 집에서 어머니를 모시기로 한다. 소설 속 노모는 그렇게 딸네와 아들네를 전전하며 자신을 잃어간다.

한편 '산업역군'으로서 남자들이 바깥일을 무탈하게 수행할 수 있도록 여자들은 '현모양처'로서 집안일(여기에는 생애 말기 돌봄은 물론 출산과 육아도 포함된다)을 하도록 고무됐다. 여성의 가사노동을 비가시화하고, 남성 노동자에게만 임금을 주는 사회구조는 산업화를 싸고 빠르게 이룩하는 데 효율적이었다. 자연스레 생애 말기 돌봄은 '집사람이 공짜로 하는 집안일'이라는 인식과 경험이 사람들의 일상에 자리 잡았다.

존엄한 돌봄, 존엄한 죽음

그러다 2000년대 들어 공적 의료보험과 요양보험을 비롯한 사회제도의 확대, 가족 세대 구성의 단순화, 여성의 노동시장 진입 증가 등의 사회적 흐름은 생애 말기 돌봄을 시장에서 거래되는 상품으로 만들었다. 돌봄 노동은, 앞서 언급했듯이, 전문성이 필요 없는 집안일로 여겨졌고, 시장에서 그 가치가 낮게 매겨졌다. 오늘날 생애 말기 돌봄은 대개 여성이 최저임금을 받으면서 하는 일이 됐다. 노인장기요양보험제도 안에 들어와 있어도 요양보호사들의 노동조건은 비참하고, 제도 밖에 있는 간병인은 저임금인 데다 사회보험의 사각지대에 있는 실정이다. 요양보호사의 돌봄은 노인장기요양등급을 받은 '어르신'을 대상으로 이뤄지는 한편, 건강보험에 간병급여가 빠져 있기 때문에 병원에서의 간병은 보호자가 하거나 환자가 간병인을 직접 고용해서 해결해야 한다. 불안정한 노동·의료·복지 구조 속에서 요양보호사, 간병인, 환자, 보호자 모두 위태로이 버티고 있는 형국이다.

가령 간병인은 병원 내의 코로나19 감염 위험을 무릅쓰고 24시간 환자의 손과 발이 되고 있지만 산재보험이나 고용보험을 적용받지 못한다. 대개 간병인은 근골격계 질환 등에 시달리고 있고, 언제 일자리를 잃을지 모르는 불안 속에서 환자를 돌보고 있다. 요양보호사들 또한 고강도 육체노동과 다양한 폭력(예컨대 노인들의 침 뱉기, 욕하기, 꼬집기 등등)에 노출되어 있다. 특히 사람들이 이들을 '아줌마'로 호칭하는 것은 돌봄 노동을 여전히 집안일의 연장선상에서 바라보고 있다는 방증이다.

이러한 생애 말기 돌봄의 형성 과정(젠더화와 시장화)은 노동자들뿐만 아니라 돌봄 수혜자의 삶 또한 취약하게 만든다. 언론에서 고발하는 시설 내 노인 학대나 환자 소외의 본질을 노동자의 도덕성이나 전문성 결여가 아니라 흔들리는 삶의 조건에서 찾아야 한다. 존엄한 돌봄과 임종을 희망하는 사람은 돈이 많거나 운(가족운, 간병인운 등등)이 좋아야 한다. 생애 말기 돌봄 앞에서 그렇게 사람들은 각자도생 혹은 각자도사(各自圖死)

하고 있다.

집은 생물학적, 사회적, 경제적, 정치적 역동성을 품고 있는 장소인데도 '사적 영역'이란 규범에서 벗어나지 못했다. 환자의 몸과 집을 둘러싼 관계망은 개인 사정으로, 돌봄 제공자의 노동은 집안일로 치부됐다. 집 안에서 시작되는 질병·간병·돌봄 서사가 집 밖으로 나오기 위해서는 병원 치료나 '구제'와 같은 사유가 필요했다. 예컨대 《아빠의 아빠가 됐다》의 저자 조기현 씨가 치매 걸린 아버지를 집에서 홀로 7년간 돌보다가 결국 주민센터를 찾았을 때, 그가 마주한 것은 사려 깊은 공감과 위로가 아니었다.[5] 그보다는 아버지와 자신이 공적 돌봄을 받을 만큼 '아프고 불쌍한' 사람들인지 각종 서류로 증명하라는 요구였다.

이제껏 정부는 이러한 집 안의 목소리들을 공적 담론으로 확대하고 다양하게 수용하기보다는 오히려 가구나 세대라는 통계적 단위로 표준화했고, 수급자나 부양의무자 따위의 행정적 인격으로 대상화했으며, 질병의 문제로 여기며 의료화했다. 그렇게 집 안의 구체적 목소리들은 '사적'이라는 이유로 힘을 잃었고, 집 밖의 특정한 기준들은 '공적'이라는 이유로 활개를 쳤다.

집을 둘러싼 이 '양극화'가 생애 말기 돌봄을 곤경에 빠뜨렸다. 환자 곁에서 집안일을 하는 사람들은 어떠한 사회적 보상이나 인정을 받지 못한다. 가뜩이나 옹색하고 시혜적으로 보이는 공적 돌봄을 받기 위해서 환자는 자신의 몸과 집의 비참함을 증명해야 한다. 그마저도 여의치 않은 환자는 집에 고립되거나, 군말 없이 요양원 또는 병원에 입원해야 한다. 환자의 일상은 열악한 돌봄 노동조건에 따라 출렁인다. 이런 맥락을 제쳐두고 생애 말기 돌봄과 죽음을 다시 집으로 끌고 오자는 주장은 허망하다.

현재 정부가 추진하는 '커뮤니티 케어'가 특정한 기준으로 선정한 환자 집에 비대면 의료 기기를 설치하고, 문턱을 제거하고, 가끔 사회복지사나 의료인이 방문하는 사업은 아닌지 우려된다. 집에서 죽으면 '좋은 죽음(혹은 자연사)'이고, 시설에서 죽으면 '나쁜 죽음(혹은 객사)'이라는 이분법을 넘어서야 한다. 존엄한 죽음은 집 그 자체가 아니라 공적 세계에 울려 퍼지는 '집 안의 목소리들'에 달려 있다.

2

노인 돌봄

노인은 국가의 짐인가

모든 인간은 의존적인데, 우리는 마치
노인만 의존적인 존재인 것처럼 딱지를 붙인다.

서울의 한 노인요양원. 오후 4시가 되자 방 안에 있던 어르신들이 하나둘 밖으로 나오기 시작했다. 그들은 보행 보조기를 밀거나 안전 손잡이를 잡으며 찬찬히 거실로 향했다. 몇몇은 요양보호사의 부축을 받거나 사회복지사의 도움으로 휠체어를 탔다. 숙연한 행렬이 길게 이어졌다. 모두가 거실에 마련된 식탁 앞에 앉으니 미지근한 팥죽이 나왔다. 영양도 목 넘김도 괜찮은 메뉴였다.

간식 시간에 유독 눈에 띄는 할머니가 있었다. 가장 먼저 거실에 도착한 그는 신속하게 음식을 먹고 자리를 떴다. 그러고는 저 멀리 떨어진 복도 소파에 앉아 창밖을 바라봤다. 나는 슬그머니 그를 따라 옆에 앉았다. 80대 할머니는 경남 거창에서 평생 농사를 지으며 살았다고 했다. 얼마 전 욕실에서 미끄러져 고관절 수술을 받았고, 이후 일상생활이 어려워지자 서울에 사는 딸의 요청으로 요양원에 오게 되었다. 할머니는 매번 팥죽을 먹는 게 고역이라며 간식 시간이 싫다고 했다. 그럼 왜 일찍 거실에 왔는지, 또 왜 그걸 억지로 먹었는지 물어봤다. 그는 그렇게 해야 일하는 분들과 딸에게 짐이 되지 않는다고 답했다. 남들이 먹을 때 같이 먹고, 남들이 잠잘 때 같이 자야 한다고 했다. 그 '시간표'를 잘 지키는 것이 요양원에서 무탈하게 지내는 방법이라고 설명했다.

할머니는 내게 귓속말로 딸기를 좋아한다고 속삭였다. 날씨가 좋으면 야외 벤치에 앉아서 간식으로 딸기를 먹고 싶다고 했다. 하지만 평소 누구에게도 그 말을 할 수는 없었다. 요양원에서 딸기는 과일이나 기호가 아니라 일종의 '일'이기 때문이다. 누군가가 딸기를 따로 구입해서 보관했다가, 간식 시간에 맞춰 할머니께 드리고, 뒷정리까지 해야 하는 일이다. 누가 그 일을 할 수 있을까? 늘 일손 부족에 시달리는 요양보호사가 할 수 있을까? 마찬가지로 정신없이 바쁜 간호사나 사회복지사가 할 수 있을까? 그도 아니면 야근과 출장이 잦은 할머니 딸이 할 수 있을까? 이들 모두에게 딸기는 부담스러운 간식이다. 단순히 돈으로 해결할 수 있는 문제가 아니라, 섬세한 돌봄이 필요한 영역인 까닭이다. 만약 입소자가 간식 시간에 팥죽을 거부하고 딸기를 고집한다면 '괴팍한 노인'이라는 낙인이 붙을 게 자명했다. 할머니는 그러한 환경과 관계의 원리를 꿰뚫

고 있었기에 외부자인 내게, 그것도 귓속말로 딸기 이야기를
했던 것이다.

무 자르듯 나눌 수 없는 의료와 돌봄

우리가 일상에서 마주하는 요양원(노인의료복지 시설)은 2008년
7월에 시행된 노인장기요양보험과 분리해서 생각할 수 없다.
국민건강보험공단은 이 제도를 "고령이나 노인성 질병 등의
사유로 일상생활을 혼자서 수행하기 어려운 노인 등에게 신체
활동 또는 가사활동 지원 등의 장기요양급여를 제공하여 노후
의 건강증진 및 생활안정을 도모하고 그 가족의 부담을 덜어
줌으로써 국민의 삶의 질을 향상하도록 함을 목적으로 시행하
는 사회보험"으로 정의한다.[1] 쉽게 말해 건강보험이 '의료(진단
및 치료)'를 지원한다면, 노인장기요양보험은 노인성 질환자의
'돌봄(요양원 입소 및 방문 요양)'을 뒷받침한다.

문제는 국민건강보험공단이 두 사회보험의 운영을 통해 시
너지 효과를 거두기는커녕 오히려 의료와 돌봄을 분리시키는
데 기여했다는 것이다. 보건학자 김창엽의 지적처럼, 이는 두
보험의 독립적 재정 운용이나 의료와 돌봄의 기능 분화를 의
미하는 게 아니다.[2] 그보다 눈여겨볼 점은 의료는 병원에서 전

문가가 하는 행위인 반면, 돌봄은 집이나 요양원에서 '누구나' 할 수 있는 활동으로 치부하는 인식이다. 병원에서 의료진은 환자를 치료하는 데 집중하고, 보호자는 간병을 맡는 게 자연스럽다고 여겨진다. 의료진이 치료가 끝났다고(혹은 더 이상 해줄 게 없다고) 판단하면 환자는 요양 시설로 가서 돌봄을 받도록 권장된다. 하지만 사람들은 의료와 돌봄의 분리를 당연하게 인식하는 동시에 일상에서 돌봄과 의료가 긴밀하게 연결되어 있음을 경험하고 있다.

다시 말해 요양원과 요양병원의 경계를 무 자르듯 쉽게 나눌 수는 없다. 의사가 없는 요양원에서도 의료는 중요한 요소이고, 요양보호사가 없는 요양병원에서도 돌봄은 필수적이다. 요양원 입소에 필요한 장기요양 1·2등급(거동이 매우 불편한 상태)을 받지 못한 노인이 요양병원에 '사회적 입원(질병 치료가 아닌 돌봄 목적)'을 하는 경우가 적지 않다. 그러나 요양병원도 의료법의 적용을 받는 병원이기에 돌봄은 의료진이 아니라 보호자나 간병인이 맡는 게 당연시된다.

노인장기요양보험법에 근거한 요양원에는 입소자의 일상생활을 지원하는 요양보호사가 상주한다. 문제는 장기요양 1·2등급을 받을 정도의 노인은 이미 건강 상태가 악화되어 의료적 도움이 필요한 '중환자'에 가깝다는 것이다. 그래서 요양보호사가 고령의 중환자를 떠맡게 되는 상황이 발생한다. 요양원은 '어르신의 마지막 집'이라고 표현되지만 대개 임종 상태에 가까워진 노인은 병원으로 옮겨진다. 어르신의 '진짜' 마지막 집은 병원인 것이다. 이처럼 돌봄과 의료는 요양원과 요양병원 사이에서 뒤죽박죽이 되고 있다. 환자, 보호자, 의료진, 돌봄 노동자가 현행 제도에 만족하고 있는지도 의문이다.

국가 재정을 악화시키는 인구

정부는 왜 노인장기요양보험을 따로 만들었을까? 그 기능과 역할을 기존의 건강보험이 흡수할 수도 있지 않았을까? 질문을 조금 바꿔서, 왜 2008년에 노인장기요양보험이 탄생했을까? 이 제도는 2000년대 들어 급부상한 저출산·고령화 문제, 즉 낮은 출산율과 빠른 고령화 속도 때문에 한국의 미래가 암울하다는 내용을 담은 '인구 위기론'과 밀접한 관련이 있다.[3]

그 논의를 들여다보기 위해서는 먼저 인구와 위기가 무엇인지 질문해야 한다. 국어사전은 인구를 '일정한 지역에 사는 사람의 수'로 정의한다. 통계청이 수행하는 인구 총조사처럼, 인구는 '객관적 사실이나 지식'의 형태로 통용된다. 그러나 인구는 무엇보다 정치의 문제다. 여기서 정치는 신문에 등장하는 경제, 사회, 문화, 과학 같은 범주가 아니라 국가와 사회 성원

간의 '관계'를 의미한다.

　인류학자 백영경의 분석처럼, 인구는 사회를 하나의 유기체로 상상하는 방식이자 공동체의 운명을 해석하는 근거로 작동한다.[4] 예컨대 1960년대부터 시작된 가족계획사업이 근대화를 위한 요소였다는 관점에 주목하기보다는 인구 제한이 국가의 발전에 지대한 영향을 미칠 수 있다고 판단한 정치적 상상과 인식을 눈여겨봐야 한다. 한국전쟁 이후 1960년대 초까지만 하더라도 산아와 양육은 민족의 미래를 결정하는 중요한 과제로 여겨졌다. 인구는 군사력의 척도였고, 인구 비례에 따른 남북한 총선거는 통일의 방식이었다. 하지만 점차 분단이 장기화될 것이라 전망되고, 국방력에 대한 이해도 병력에서 첨단 무기 중심으로 달라졌다. 따라서 인구에 대한 관념도 남북 간 체제 경쟁에 부합하는 방식으로 거듭났다. 특히 경제 개발이 남한의 자체 역량을 키우는 일이자 체제 우위를 증명하는 방식으로 인식되었다. 농촌의 과잉 노동력, 도시의 높은 실업률, 낮은 공업 수준 등이 중요한 문제로 부각되었다. 이런 흐름에서 정부 주도의 가족계획사업은 농촌의 '무분별한' 인구 증가는 제한하되 자본주의 산업화를 이끌 도시의 '정예화된' 인구 증가는 장려하는 형태로 나타났다.

　한편 사회학자 조은주는 1960~70년대 "가족계획사업은 적은 수의 자녀를 낳아 임금노동을 통해 경제적으로 부양하는 아버지와 합리적으로 자녀를 양육하는 어머니의 일상적 실천을 일반적인 삶의 과정으로" 정착시키는 데 기여했다고 말한다.[5] 즉 이 사업은 단순히 산아제한을 통한 국가 발전이 아니라 개인들이 일과 가족(계급과 젠더)에 대한 새로운 규범을 실천하는 장이었다. 정상적인 가족(4인 가족)과 특정한 생애 주기(일, 결혼, 출산 시기)가 이념처럼 퍼졌다. 이처럼 인구는 과거, 현재, 미래를 규정하고, 사회 성원이 믿고 따라야 할 삶의 형태를 창출하는 일종의 '기획'이다.

그러면 인구와 짝을 이루는 위기(crisis)란 무엇인가? 통상 '위험한 고비나 시기'를 뜻하는 이 말은 고대 그리스어 '크리시스(κρίσις)'에 뿌리를 두고 있다. 명사 크리시스는 분리, 구별, 선택, 그리고 판단, 생각, 결정을 의미한다. 요컨대 위기를 이루는 두 축은 '시간과 행위'다. 위기는 찬성과 반대, 선과 악, 삶과 죽음, 퇴보와 진보처럼 길이 양쪽으로 갈리는 중대한 순간과 그때 해야 하는 최선의 선택을 가리키는 말이다.[6]

다시 돌아와서, 인구와 위기에 대한 비판적 관점을 바탕으로 노인 돌봄 정책을 살펴볼 필요가 있다. 2003년에 출범한 참여정부는 저출산·고령화를 심각한 사회문제로 보고 그 대응책 마련을 주요 국정 과제로 확정했다. 이는 인구를 둘러싼 정치적 상상과 인식의 변화를 알리는 신호탄이었다. 예컨대 정부는 〈2004년 보건복지 백서〉에서 저출산·고령화 현상을 진단하고(과거), 그에 따른 영향을 전망하며(미래), 그 문제에 적극적으로 대처할 필요성(현재)을 강조한다.

우리나라의 출산 수준은 1990년대 이전에 강력하게 추진해왔던 출산억제 정책 등에 의해 세계에서 유례를 찾아볼 수 없는 속도로 급속히 낮아지고 있으며, 2003년도 우리나라의 합계출산율(한 여성이 가임 기간 동안 낳는 자녀 수)은 1.19명으로 세계에서 매우 낮은 수준이고, 특히 2000년 이후 급격하게 낮아지고 있는 실정이다. (…) 저출산에 따른 가장 기본적인 문제점은 경제활동 인구가 그들의 노후를 부양하기에 필요한 만큼의 자녀를 낳지 않는다는 것이다. (…) 구체적으로 저출산은 인구고령화를 가속화시키고 생산가능인구와 노동생산성의 감소로 인한 경제성장 둔화, 노인의료비·연금 등 공적 부담 증가, 세입기반 약화 등으로 인한 재정수지 악화, 노인 부양 부담 증가에 따른 세대 간 갈등 첨예화 등의 정치·경제·사회·문화 전반에 걸쳐 심각한 문제를 파생시킬 것이다. (…) 이와 같은 인구구조의 단절 현상으로 인한 사회·경제적 혼란을 방지하고 지속적인 국가 발전을 위해서는 적정 수준의 출산율을 유지하기 위한 대응이 요구되고 있다.[7]

어디서 많이 들어본 내용이다. 오늘날 유행가처럼 울려 퍼지는 인구 위기론이다. 여기서 주목할 점은 저출산·고령화가 성장을 위협한다는 진단이 아니라 '특정한 인구'가 국가의 발전에 도움이 되거나 해가 된다고 판단한 근거다. 이 담론은 복지제도(연금, 의료보험 등)가 거의 없다시피 하고, 가족이 노인을 부양하며, 국가 재정을 경제성장을 위해서 쏟아붓던 과거를 기준으로 미래를 예측하고, 현재를 위기로 규정한다. 저출산·고령화로 명명되는 시대에 경제활동을 하지 않거나, 경제력이 약하거나, 부양자가 없거나, 국가 재정을 악화시키는 인구, 즉 '의존적 노인'은 문제가 된다. 국가는 기존 제도의 기저를 이루는 정치적 상상과 인식을 '너무나' 당연하게 여겼다.

급증한 요양 시설이 의미하는 것

정부와 국회는 노인 부양 문제를 해결하기 위한 방안으로 요양원 및 요양병원 공급 확대를 추진했다. 2003년 10월 23일 자 〈의학신문〉 기사에 따르면, 김성순 의원(민주당, 보건복지위)은 대정부 질의에서 "치매·중풍환자, 정신질환 노인들을 수용하는 요양 시설이 태부족해 가정에서 자녀들이 보살피는 데 매우 큰 어려움을 겪고" 있고, "요양병상을 대폭 확충하지 않으면 정부가 추진 중인 장기요양보험제도도 성공할 수 없을 것"

이기 때문에 "일반병원과 구분해 노인병원의 인력 및 시설 기준을 대폭 완화하는 일이 시급하다"고 주장했다.[8] 여기서 주목할 점은 노인 부양에 관한 국가의 시선이 가족에서 의료와 시설로 향하고 있다는 것이다. 당시 노인장기요양보험제도가 추진되고 있었고, 국가는 노인 부양을 집 → 급성기 병원 → 요양병원 → 요양원이라는 전달체계를 통해서 대응하고자 했다.[9] 이 새로운 시스템은 무엇보다 '노동능력을 상실한 의존적 노인'이 생산가능인구와 국가 재정에 부담을 주지 않도록 설계된 것이었다. 이제 돌봄이 필요한 노인은 집을 떠나서 환자가 되어야 했다. 그렇다고 그가 급성기 병원에 오래 있는 것은 곤란했다. 행위별 수가제 적용, 과잉 진료로 불필요한 비용이 발생할 가능성 때문이었다.

개인과 국가 모두가 '저렴하게' 이용할 수 있는 요양병원과 요양원이 많이 필요했다. 정부는 요양병원의 설립 허가 기준을 완화하는 한편 2008년 1월부터 일당정액제(환자의 상태에 따라 입원 1일당 정해진 금액 내에서 서비스 제공)를 적용함으로써 비용 통제를 했다. 게다가 같은 해 7월에 시작된 노인장기요양보험은 의료가 아닌 수발을 목적으로 하는 제도임을 분명히 했다. 그렇게 '노인 의료는 요양병원에서, 노인 수발은 요양원에서' 하는 시대가 도래했다. 요양병원 간병비 급여화와 요양원 의사는 '당연히' 필요 없었다. 정부는 마치 군사작전을 하듯이 요양병원과 요양원의 공급을 늘렸다. 요양병원의 수는 2000년 13개에서 2008년 700여 개로 늘어났고, 2019년에는 1500개를 넘어섰다.[10] 요양원의 수도 2008년 1700여 개에서 2019년 5300여 개로 폭증했다.[11] 대다수는 민간이 설립하고 운영하는 시설이었다.

다시 말해, 저출산·고령화 위기 속에서 등장한 노인 부양 정책은 민간 시설의 설립과 운영 규제는 완화하되 비용 통제는 강화했다. 그 결과 노인 환자와 병상 수는 빠르게 늘었지만, 의료진과 돌봄 노동자 수는 그만큼 늘지 않았다. 요양보호사 한 명이 입소자 20명을 돌보는 요양원이 나오고, 간호사 한 명이 환자 40명을 관리하는 요양병원도 등장했다. 이런 환경에서 의료진과 돌봄 노동자가 노인의 목소리를 주의 깊게 듣고 존중하기는 사실상 불가능에 가깝다.

열악한 노동조건은 근무자뿐만 아니라 노인의 인권 문제로도 이어진다. 예컨대 입소 노인을 한눈에 보기 위해서 CCTV가 과다하게 설치되고, 낙상을 방지한다는 명분으로 신체억제대 사용 범위가 넓어지며, 식사 수발이 필요 없도록 '콧줄'이 삽입되고, 화장실 이용을 억제하기 위해서 기저귀가 남용된다. 이러한 현실이 인구에 회자될수록 시설 관계자는 '효'와 '사랑'을 강조한다. 하지만 도덕적 수사는 대개 열악한 노동조건을 은폐하는 데 기여한다. 결국 문제가 또 터지지 않도록 입소자의 '안전'만 강화된다. 그렇게 노인의 서사적(biographical) 삶은 탈각되고, 삶의 존엄성은 의료적, 생물학적(biological) 문제로 치환된다. 입소 노인의 '수분·영양 공급'은 본질이 되고, '입맛'은 부차적인 것으로 치부된다. 그렇게 노인은 먹는 입만 가진 존재, 즉 '인구(人口)'로 전락한다.[12]

한편 가족 보호자는 간병(비), 의료비, 시설비까지 부담하고 있는 실정이다. 형태만 달라졌을 뿐 국가가 여전히 노인 부양을 가족에게 떠맡기고 있는 셈이다. 이러한 현실에서 노인, 보호자, 돌봄 노동자, 의료진 모두가 고통을 겪고 있다.

오늘날 요양원과 요양병원을 노인 시설로만 볼 수는 없다. '국가의 발전과 미래'를 출산율(생산인구)로 환원하는 인구 위기론에서 돌봄이 필요한 노인은 환영받지 못하는 존재다. '의존적 노인', 그를 둘러싼 규범, 가치, 감각, 기준, 법 등이 요양원과 요양병원이라는 실체로 현현했다. 다시 말해 국가는 '정상 가족'을 기대하기 힘든 시대를 위기로 상정했고, 발전에 쓸모 있는 인구와 쓸모없는 인구를 분류했다. 의존적 노인은 이러한 정치적 상상과 인식 속에서 선별되고 의료적, 생물학적 차원으로 규정된 '인구'라고 할 수 있다. 모든 인간은 의존적인데, 마치 노인만 의존적인 존재인 것처럼 딱지를 붙인 셈이다.

한편 '집안일'에 머물던 노인 부양은 공적 영역으로 확대되었다기보다는 시장으로 옮아갔다. 이제 개인이 좋은 돌봄을 받고자 한다면, 즉 숙련된 간병인, 쾌적한 시설, 섬세한 의료 서비스, 자유가 보장되는 일상을 원한다면 그에 합당한 대가를 지불해야 한다. '취약계층'은 연명의료를 받으며 영세한 시설에 방치될 수 있다. 이 경우 시설의 주 수입원은 국가의 지원금(의료 및 요양보험 수가)이다. 거대한 '돌봄 위탁 피라미드'가 작동하고 있는 형국이다.[13]

노화와 죽음이 공포가 되지 않으려면

우리는 인구라는 정치적 상상에 기반한 미래의 불확실성과 자본주의의 위기에 대한 논의의 결과물로 등장한 '불평등한 노년'을 마주하고 있다. 노년이 불평등한 삶의 형태로 나타나는 세계에서 노화와 죽음은 공포의 대상이다. 안티에이징(anti-aging)은 의료 기술 차원을 넘어서 규범으로 작동한다. 사람들은 세포의 노화까지 걱정하며 돈을 쓰고 몸을 관리한다. 그렇게 각자도생하거나 각자도사한다.

이제라도 노인 돌봄을 다시 생각해야 한다. 존엄한 노년을 위한 새로운 정치적 상상력이 필요하다. 저출산·고령화라는 틀, 생산가능인구의 증가가 노인 돌봄의 개선으로 이어진다는 맹신에서 벗어나야 한다. 저출산이든 고출산이든 상관없이,

한국의 노인 돌봄은 여러 각도로 검토해야 하는 주제다. 그 논의는 노인을 자유롭고 평등한 동료 시민으로 인정하는 데서부터 시작되어야 할 것이다.

3

커뮤니티 케어

누구나 말하지만
아무도 모르는 정책

정부의 정책은 삶의 조건을 개선하기보다는
수급자가 취약한 삶에 '적응'할 수 있도록 돕고 있었다.

'커뮤니티 케어(community care)' 정책 포럼이 열린 언론사 강당은 인파로 북적거렸다. 방명록을 살펴보니 대부분 복지관·요양원·요양병원 관계자들이었다. 주최 측이 준비한 자료집은 일찌감치 동났고, 장내 의자가 모자라 입구 바닥에 자리를 잡은 사람도 있었다. 포럼에서 보건복지부 고위 공무원은 정책 설명을, 학자들은 토론을 맡았다.

　"커뮤니티 케어란 게 뭡니까?" 패널들이 정책 담당 공무원에게 물었다. 그는 "포용적 복지국가로 향하는 담대한 걸음입니다"라고 자신감 있게 답했다. 패널들은 심각한 표정으로 고개를 끄덕였지만 아무도 그 말을 이해하지는 못한 듯했다. 그들은 몹시 바빠 보이는 공무원에게 추가 설명을 요청했다. "글쎄, 커뮤니티 케어란 게 뭡니까?" 이번에 그는 "우리 국민들이 지역사회에서 통합적으로 돌봄을 받을 수 있도록 돕는 정책입니다"라고 힘주어 말했다. 영어 단어 커뮤니티는 지역사회로, 케어는 통합적 돌봄으로 번역한 듯했다. 설명을 더 들어보니 지역사회는 노인 환자, 장애인, 정신질환자의 거주지를, 통합적 돌봄은 의료복지 서비스를 의미하는 듯했다. 커뮤니티 케어란 노인 환자, 장애인, 정신질환자의 거주지로 찾아가는 의료복지 서비스를 확대하는 정책인가, 아니면 의료복지 서비스가 가미된 거주 시설을 확충하는 정책인가, 또는 둘 다 하는 정책인가. 머리가 어지러웠다. 일단 노인 환자를 중심으로 커뮤니티 케어가 무엇인지 살펴보기로 했다.

탈시설화, 탈가족화라는 목표 – 정책 담당자

포럼에서 정부 관계자는 2019년 선도사업을 시작으로 초고령사회로 진입하는 2025년까지 커뮤니티 케어 기반을 구축할 계획이라고 밝혔다. 그는 커뮤니티 케어 정책의 키워드로 '탈시설화'와 '탈가족화'를 제시했다. 탈시설화는 환자가 평소 살던 곳에서 돌봄을 받고 임종도 할 수 있도록 여건을 마련한다는 뜻이었다. 당국자는 '불필요한 입원' 문제를 지적했다. 노인이 일상생활(의식주)에 어려움을 겪거나 만성질환 관리가 힘든 경우 별수 없이 요양병원에 입원한다고 했다. 그러면서 시설에 거주하는 노인 환자는 삶의 질이 높지 않다고 했다. 한편, 탈가족화는 폭넓은 방문 서비스를 통해서 가족의 돌봄 부담을 없앤다는 의미였다. 노인도 부양 부담을 주는 존재에서 벗어날 수 있다고 했다.

그런데 보건복지부의 정책 안에는 환자의 집수리나 재가 서비스뿐만 아니라 '케어안심주택'을 비롯한 공동주거 시설을 대대적으로 건설하는 내용도 담겨 있었다. 즉 환자가 병원이나 요양원에 입원하지 않고도 가족의 돌봄 부담을 없애는 방법 중 하나가 또 다른 시설 입소였다. 정부 관계자는 생활 SOC(Social Overhead Capital) 사업을 추진하겠다는 포부도 밝혔다. 생활 SOC란 '사람들이 먹고, 자고, 자녀를 키우고, 노인을 부양하고, 일하고, 쉬는 등 일상생활에 필요한 필수 인프라'를 뜻했다. 커뮤니티 케어가 탈시설화를 표방하면서 시설화를 실천하는 정책으로 보였다. 더욱이 환자가 집에 있으면 돌봄의 가족화이고, 시설에 있으면 돌봄의 탈가족화가 되는 것인지도 의아했다. 시설에서 가족(보호자)이 환자 간병을 담당하고 있는 현실은 어디로 증발했는지 궁금했다. 환자가 가족과 연이 끊겨야만 시설에 가는 것도 아니고, 환자가 입원했다고 가족의 돌봄이 사라지는 것도 아닌데 말이다. 한편 노인의 입원을 '가족이 없거나 변변치 못해서' 생긴 문제로 바라보는 시선도 여전히 존재한다. 그 사회적 인식 때문에 비통해하거나 죄책감을 갖는 환자와 보호자가 있다는 말이다.

커뮤니티 케어 정책은 노인의 돌봄을 부담스러워하는 가족을 전제로 하고 있었다. 하지만 현재 노인 복지는 1인 가구 저소득자·수급자를 중심으로 운영되고 있다. 보건소의 방문 서비스, 노인장기요양보험의 등급외자를 위한 서비스도 대개 '가족이 없거나 노동능력을 상실한 가난한 노인'을 대상으로 한다. 여기서 노동은 임금노동을 가리킨다. 집에서 환자를 돌보고, 빨래하고, 밥하고, 청소하는 일은 노동으로 취급하지 않는다. 당국자가 제시하는 그 '커뮤니티'에 1인 가구, 동성 가구, 동거 가구, 농어촌 가구가 포함되어 있는지도 의문이다. 복지 서비스는 돌봄의 내용이나 가족의 관계보다는 '빈곤의 측정'에 관심이 많다. 그러고 보면 포럼에서 공무원이 말한 '자기결정권이 있는 노인과 그를 돌보는 가족'은 애당초 복지 서비스의 대상자가 아닐 가능성이 높은 셈이다.

재정과 공공성의 문제 – 전문가

(의학·사회학·사회복지학) 학자들은 정책 설계에 관심이 많았다. 재정 문제가 도마에 올랐다. 한 패널은 커뮤니티 케어 정책이 인구 고령화로 인해 늘어나는 정부의 의료 및 복지 재정

을 관리하기 위한 대책은 아닌지 의문을 제기했다. 짐작대로 보건복지부 공무원은 커뮤니티 케어 정책을 추진하는 이유 중 하나가 기하급수적으로 늘어나는 노인진료비를 제어하기 위해서라고 밝혔다. 패널들은 '커뮤니티 케어와 민·관 협력'을 논의했다. 토론을 듣다 보니, 객석을 메운 복지관·요양원·요양병원 관계자들에게 눈길이 갔다. 이 시설 관계자들은 정부가 추진하는 커뮤니티 케어를 '사업 기회'로 보고 있을까? 이들이 커뮤니티 케어의 운영 주체가 될까? 정부가 말하는 탈시설화가 이들의 이익에 부합하는 것일까? 혹시 시설 관계자들 사이에서도 커뮤니티 케어에 대한 의견이 분분할까? 그 이유는 뭘까? 커뮤니티 케어로 '돌봄 시장'의 규모는 더 커질까? 여러 생각이 맴돌았다.

한편 전문가들은 '공공성'에도 주목했다. 민·관 협력을 통한 정책의 효과를 말하면서도 정책의 "공공성 확보", "공공성 강화"를 주장했다. 문제는 공공성에 대한 정의나 합의가 없었다는 것이다. 모두들 공공성을 말했지만 그 내용은 다 달랐다. 패널들은 공공성을 "지역공동체 활성화", "상호신뢰", "협동의 공동체", "사회적 경제", "일자리 확충", "사회적 약자를 이웃으로 포섭하는 치료적 지역사회", "주민 주도", "지역사회 읍면동 기능 확충" 등으로 설명했다. 모두 애매모호한 개념이거나, 커뮤니티 케어가 있든 없든 해야 하는 일처럼 보였다. 즉 전문가들이 말하는 공공성이 비영리를 가리키는 것인지, 정부가 직접 시설을 운영하는 것인지, 시민들의 모임을 지원하는 것인지, 사회적 기업을 장려하는 것인지, 공공 캠페인을 펼치는 것인지, 도시와 지역 간의 격차를 해소하는 것인지 아리송했다.

패널들은 커뮤니티 케어 정책의 성공을 위한 각자의 견해를 내놓았고 다양한 모델을 제시했다. 대상은 어떻게 선정하고, 목표는 어떻게 설정하고, 예산은 어떻게 확보하고, 어떤 조직을 동원하고, 어떤 책임을 부여하고, 관리 기관의 역할과 정책 평가는 어떻게 해야 한다는 내용이었다. 포럼이 끝나자 두통이 찾아왔다.

중복된 사회복지 행정 – 지자체 공무원

노인 환자를 위한 커뮤니티 케어를 추진하는 한 지방자치단체를 찾았다. 보건복지부가 선도사업 주체로 선정한 여덟 개 지자체(노인 다섯 곳, 장애인 두 곳, 정신질환자 한 곳) 중 하나였다. 그 지역 대학에서 수십 년째 사회복지학을 가르치고 있는 한 교수와 대화를 나눴다. 그에 따르면, 2008년 노인장기요양보험이 시행된 이후 요양원과 요양병원이 우후죽순 생겨났다. 지역 주민들은 그 시설들을 못 미더운 곳으로 인식했다. 많은 경우 서비스의 질이 낮기 때문이다. 인력이 부족하니까 노인 환자의 손발을 묶고 '콧줄'로 급식을 하는 경우도 흔하다. 그는 한 방에서 여러 명의 노인 환자가 기저귀를 차고 온종일 병상에 머물고 있는 모습을 보면 누가 그곳에 가고 싶겠냐며 목소리를 높였다. 그런데도 집에서 돌봄을 받기 어려운 노인들은 어쩔 수 없이 시설에 간다. 젊은이들은 수도권으로 떠났거나 떠나고 싶어 한다. 출산율 이전에, 지역에 노인만 남는 고령화 문제가 심각하다. 교수는 정부가 보건복지를 민간에 맡겨놓고 사실상 수수방관하고 있다고 비판했다. 그는 그나마 여유가 있어서 여든 넘은 어머니를 집에서 돌보고 있다고 했다. 그래도 간병비는 큰 부담이라고 했다. 커뮤니티 케어가 기존의 문제를 더 복잡하게 만드는 것은 아닌지 우려했다.

구청 공무원들은 커뮤니티 케어를 어떻게 파악하고 있을까? 복지 업무를 총괄하는 공무원을 만났다(구청장은 해외 출장 중이었다). 그는 커뮤니티 케어에 대한 구청장의 의지가 확고하다고 했다. 지역 노인에게 큰 도움이 되는 사업이기 때문이다. 보건복지부가 예산을 지원하는 선도사업 공모에 선정되기 위해 전국 지자체들이 치열한 경쟁을 벌였다. 그도 합격을 위해 철저히 준비했다며 멋쩍게 웃었다. 그에게 커뮤니티 케어가 무엇인지 물어봤다. 그는 "현재 서비스 대상자 명단을 만들고 있다"라고 답했다. 서비스 대상자는 수급자, 저소득층, 고령자, 1인 가구, 만성질환을 겪고 있는 사람이었다. 구청은 그 노인들을 대상으로 집수리(문턱 제거, 화장실 안전바 설치), 식사 배달, 방문 의료 서비스 등을 제공할 계획이었다. 구청 공무원에게 커뮤니티 케어는 '명단'이었다. 이 사업의 규모가 커지고 자리를 잡기 위해서는 명단 대상자가 더 늘어나야 한다. 그는 수급자 외에도 재가 서비스가 필요한 "어려운 어르신"들이 많다고 했다. 그분들이 커뮤니티 케어를 받으려면 주민센터로 가서 각종 서류를 들이밀며 신청을 하거나, 주민센터 공무원이 직접 그들을 찾아가야 한다. 문제는 주민센터 공무원들이 이 사업에 소극적이라는 점이라고 했다.

그러면 주민센터 공무원들에게 커뮤니티 케어는 무엇일까? 한 주민센터 공무원들과 대화를 나눴다. 그들의 불만이 적지 않았다. 자신들이 "늘 하는 일이 커뮤니티 케어인데 또 무슨 커뮤니티 케어를 하느냐"고 반문했다. 그들에게 커뮤니티는 관할구역이었다. 그들은 예나 지금이나 주민(커뮤니티에 사는 취약계층)을 위한 사회복지 행정(케어)에 최선을 다하고 있다고 강조했다. 다만 공무원 숫자에 비해서 '취약계층'이 너무 많다고 했다. 주민센터마다 사정은 다르겠지만, 어떤 곳은 공무원 한 명이 500명을 담당하는 경우도 있다고 했다. 취약계층의 집을 방문하지 못하는 경우가 부지기수였다. 요컨대 주민센터 공무원들에게 커뮤니티 케어는 기존의 사회복지 행정이었고, 대상자 명단을 잘 관리하는 것이었다. 이 명단은 단순히 이름을 적은 표가 아니라 수많은 행정절차를 거쳐 자신의 취약함을 증명한 노인들이 모여 있는 장소이자 그들을 지속적으로 관찰하고 안정적으로 관리하기 위한 행정 장치였다. 공무원들은 이 명단에 있는 사람들에게 전화를 돌리고, 정보를 전달하고, 생필품을 보내는 일만 해도 너무 바쁘다고 했다. 주민센터 공무원 입장에서 볼 때 기존의 명단을 더 늘리는 중앙정부의 커뮤니티 케어는 '마뜩잖은 사업'이었다. 주민센터 공무원들은 차라리 그 사업이 노인들의 재택 의료를 지원하면 좋겠다고 했다. 의료진이 거동이 불편한 노인들을 찾아가 돌보면 좋지 않겠느냐는 의견이었다.

봉사 정신의 강요 – 의료인

이번에는 의료인을 만날 차례였다. 커뮤니티 케어 선도사업에서 의료 서비스를 총괄하는 보건소장을 찾아갔다. 그에게 커뮤니티 케어란 무엇인지 물었다. 그는 "제 생각은 구청장의 생각과 같다"라고 답했다. 그러면서 커뮤니티 케어의 중요성을 역설했다. 그가 직접 어려운 노인의 집을 방문해 현장을 파악한 결과 상당수의 노인들은 약물 과다 복용, 잘못된 식습관, 만성질환 관리의 어려움을 겪고 있었다. 따라서 의사들이 왕진을 하고, 스마트 기기로 집에 있는 노인들의 건강을 살피면 불필요한 입원이 많이 줄어들 수 있다고 했다. 특히 왕진은 임종 이후 절차에 대한 보호자의 심리적 부담감을 덜어준다. 예컨대 집에서 사람이 죽으면 경찰이 출동해 목격자의 진술을 받는다. 고인의 사인이 병사(病死)가 아니라 외인사(外因死)로 분류될 경우, 그 죽음은 경찰과 검찰의 수사 대상이 될 수 있다. 부검을 실시하고, 수사가 끝날 때까지 장례를 치를 수 없다. 하지만 평소 환자가 왕진을 받고 있었다면 이야기가 달라진다. 주치의가 사망선고를 하고 사망진단서를 작성할 수 있기 때문이다. 요컨대 보건소장은 커뮤니티 케어 사업에서 가장 중요한 것은 지역 의사들의 참여라고 했다. 그래서 지역 의사들을 설득하는 데 많은 공을 들이고 있다고 밝혔다. 문제는 의사들이 사업에 별 관심이 없다는 것이다. 보건소 가정방문 간호사들의 일이 늘어날 수밖에 없다. 보건소장은 간호사들의 눈치를 많이 보고 있다고 했다.

지역 의사들의 생각도 알아보고 싶었다. 해당 지역 의사협회장과 대화를 나눴다. 개업의인 그는 커뮤니티 케어는 "말도 안 되는 정책"이라고 정의했다. 합리적인 왕진 수가도 없이 어떻게 의사들이 노인 집에 가냐고 했다. 진료실에서 환자를 보는 것만 해도 벅차다고 했다. 문득 '3분 진료'가 떠올랐다. 단순하게 계산해도 병원에서 의사는 한 시간에 환자 20명 정도를 볼 수 있었다. 그 시간에 의사가 차를 타고 환자의 집에 간다는 것은 합리적으로 보이지 않았다. 의사협회장의 말마따나 정부의 제도적 뒷받침 없이 의사에게 봉사 정신을 강요할 수는 없었다. 게다가 그는 의사가 환자 집에서 특별히 해줄 게 없다고 목소리를 높였다. 환자 집에서 엑스레이를 찍을 것도 아니고, 피검사를 할 수도 없다. 식생활 지도나 복약 지도 정도를 할 수 있겠다고 했다. 그는 내게 "그런 것 하려고 환자 집에 가는 의사가 몇이나 있겠냐"고 물었다. "설사 요양병원에 있는 노인들이 집에 간다 치더라도 그다음엔 누가 그 사람들 식사며, 목욕이며, 안전을 책임질 수 있겠느냐"고 했다. 그는 커뮤니티 케어는 머지않아 소리 소문도 없이 사라질 정책이라고 확신했다. 그와 대화를 해보니 왜 농어촌 지역에 의사가 없는지 이해가 됐다. 의사에 대한 국민의 신뢰 수준이 낮은 이유도 알 것 같았다.

취약한 삶에 적응하기 – 정책 대상자

마지막으로 커뮤니티 케어 정책의 대상자를 만났다. 목요일 오후 2시경, 보건소 간호사, 구청 공무원과 함께 노인의 집을 방문했다. 산복도로 주변에 위치한 두 사람이 사는 집이었다. 할머니(84세)는 부엌에 쪼그리고 앉아 나물을 다듬고 있었다. 시장에 내다 팔 것들이라고 했다. 손녀(7세)는 다락에서 컴퓨터를 하고 있었다. 할머니의 딸은 이혼하고 타지로 떠났다. 할머니는 손님이 왔다며 우리를 환대해주었다.

안방에 들어서니 벽에 걸린 가족사진들이 눈에 띄었다. 20년 전에 세상을 떠난 남편 사진, 연락이 끊긴 아들 사진, 그리고 딸과 손녀 사진이었다. 할머니의 말에 따르면, 남편은 술 마시느라 집 밖으로 나돌았고 본인은 자식들 키우느라 안 해본 장사가 없다. 그때 몸을 혹사했는지 현재 허리며, 다리며, 안 아픈 곳이 없다. 혈압도 높고 최근에는 참을 수 없는 두통도 생겼다. 향후 본인이 더 아프게 될까 봐 걱정이다. 자신이 아프면 손녀를 돌봐줄 사람이 없기 때문이다. 타지에 있는 딸이 하루라도 빨리 자리를 잡아서 손녀를 데려갔으면 좋겠다. 현재 수급자라서 그나마 다행이다. 요컨대 할머니에게 커뮤니티는 가족이고, 케어는 애틋한 마음이었다.

할머니는 평소 이용하는 병원이 있다고 했다. 할머니가 믿고 의지하는 '주치의'가 있는 곳이었다. 지금껏 병원에서 의사를 만나고 약도 받았지만, 점점 거동이 불편해지고 머리도 아파서 병원에 못 가게 될까 봐 우려했다. 할머니는 먹고 있는 약을 우리에게 보여주었다. 간호사가 처방전과 약들을 살펴봤다. 몇 개는 굳이 안 먹어도 될 것 같은데 확답은 못 하겠다며, 보건소장에게 물어보겠다고 했다. 간호사는 할머니의 혈압을 재고 식생활을 지도했다.

구청 공무원은 낡은 형광등을 LED로 교체하겠다고 했다. 그러고는 밥솥과 냉장고를 열어본 후 필요한 식료품을 메모했다. 부엌에 식탁을 놓을 수 있는지도 알아보겠다고 했다. 문득 이런 질문이 떠올랐다. 할머니가 수급자가 아니었다면 할머니의 삶은 어떻게 됐을까? 상상만 해도 정신이 아찔했다. 할머니가 수급자라서 다행인 한편, 보건복지 정책이 할머니를 '취약한 대상'으로 고착화하고 있다는 생각이 들었다. 할머니가 수급자가 되기 위해서, 또 수급자가 된 이후에도 자신의 취약함을 얼마나 많은 공무원에게 서류와 말로 '증명'했을까 싶었다.

현장에 가보니 커뮤니티 케어는 취약계층을 대상으로 하는 보건복지 정책이었다. 취약계층은 노동능력을 상실한 가난한 노인 환자였다. 한국에서 '복지'라는 단어는 대개 '취약계층'을 염두에 둔다. 그 '상식'을 곰곰이 생각해볼 필요가 있다. 보건복지 정책이 겨냥하는 취약계층이란 무엇인가? 반대로, 취약계층을 대상으로 하는 보건복지 정책이란 무엇인가? 취약한 사람들의 계층 이동을 돕는다는 것인가? 혹은 '보통' 사람들이 취약계층으로 이동하는 것을 막는 정책인가? 혹시 계층 간의 분리를 고착시키는 정책은 아닌가?

현장에서 취약계층과 보건복지라는 개념은 상호작용하며 불평등을 강화하는 방향으로 작동했다. 정부의 정책은 할머니 삶의 조건보다는 할머니의 '취약함 그 자체'에 관심이 많았다. 할머니 삶의 조건을 개선하기보다는 오히려 할머니가 취약한 삶에 '적응'할 수 있도록 돕고 있었다. 수급자인 할머니가 소일거리로 생활비를 벌충하고, 질병을 유지하고, 딸과 거리를 두는 삶에서 벗어나기는 쉽지 않아 보였다. '어설프게' 돈을 벌거나 건강하거나 딸과 교류를 하다가는 수급자 자격을 박탈당할 수 있는 구조였다. 수급자가 아닌 할머니가 지금처럼 손녀와 함께 살 수 있을지 의문이었다. 한편, 앞서 언급한 공무원들의 '명단'은 곧 취약한 삶의 관리였다. 커뮤니티 케어 정책은 '어려운 어르신들'을 샅샅이 찾아내 그 명단의 크기를 확대하는 일이었다. 그 명단이 '노인 게토' 만들기로 이어지는 것은 아닌지 혼란스러웠다.

　　서울로 돌아왔다. 커뮤니티 케어 정책, 아니 무수한 말들을 떠올렸다. 그 말들은 왜 서로 통하지 않았을까? 그 말들의 정체는 무엇이었을까? 그것은 말이 아니라 "정처 없고 허망한 말들의 유령"이었을까?[1] 커뮤니티 케어 정책이 무엇인지 끝내 알 수 없었다.

4

호스피스

왜 호스피스는
'임종 처리' 기관이 되었나

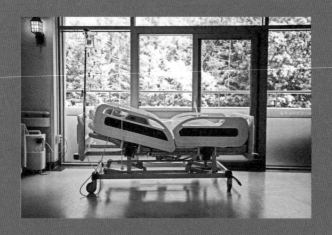

한국 의료라는 컨베이어벨트는 환자의 '몸'을
진단과 치료에 치우친 방향으로 급격히 회전시킨다.

코로나19 사태 이전, 지방의 한 호스피스 간호사와 함께 환자의 집을 방문한 적이 있다. 소위 가정형 호스피스를 살펴보기 위해서였다.[1] 환자의 집 안에 들어서자 날카로운 악취가 코를 찔렀다. 곳곳에 방치된 쓰레기가 보였다. 간호사는 환기를 위해 우선 창문을 열었다. 오른쪽 무릎이 아파서 걸음을 잘 걷지 못하는 80대 남성 암 환자와 근황을 주고받았다. 환자는 집 안에만 있어서 우울했다며 얼굴을 찡그렸다. 이윽고 간호사는 환자에게 집 안을 조금이라도 정리해보자고 제안했다. 그녀는 집의 위생이 환자뿐만 아니라 본인에게도 중요하다고 했다. 환자가 동의했고 그렇게 우리는 집 청소를 시작했다.

집 청소는 환자의 건강 문제나 의료 처치를 위한 준비로만 설명될 수 없었다. 청소를 하다 보니 '환자의 자리'가 눈에 들어왔다. 방에서 그가 어떤 이불을 쓰는지, 어떤 자세로 누워서 시간을 보내는지도 알게 됐다. 환자가 틀어놓은 텔레비전 뉴스는 정보라기보다는 세상과 연결되고자 하는 그의 의지로 보였다.

환자는 부인과 사별한 지 20년이 넘었고, 아들과 연락이 끊긴 건 기억이 안 날 정도로 오래됐다. 경제적 어려움을 겪고 있지만 허름한 단칸방과 부양의무자에 해당하는 아들이 있다는 이유로 수급자가 되지 못했다. 생계에 도움이 되는 소일거리라도 하고 싶지만 무릎이 아파서 외출도 힘들었다. 그나마 성당 사람들이 라면이나 밑반찬을 가져다주고 말동무도 되어준다고 했다. 그 말을 듣던 간호사는 호스피스 사회복지사와 함께 방법을 찾아보겠다고 했다. 환자 집 청소가 마무리되자 간호사는 비로소 의료 가방을 열고 필요한 처치를 시작했다. 병동이 의료적 매뉴얼에 따라 일정하게 관리되는 멸균 공간이라면, 집은 환자 삶의 조건에 따라 가변적인 '리빙룸(living room)'이었다.

환자는 곧 호스피스 병동에 입원할 예정이었다. 가정형 호스피스 간호사가 담당하는 말기암 환자 대부분이 입원형 호스피스에 자리가 나길 기다리고 있었다. 경제적으로 어렵지만 수급자가 되지 못하는 경우, 가정 폭력이 있는 경우, 또 자녀와 함께 살아도 손주 돌봄이나 집안일을 해야 하는 경우 환자들에게 집은 편안한 공간이 아니었다. 통증 관리가 힘든 환자에게도 집은 호스피스를 받기 쉽지 않은 공간이었다. 다양한 마약성 진통제 및 의료 기기를 동원할 수 있는 병원에 비해, 환자 집에서 할 수 있는 의료 처치에는 일정한 한계가 있었기 때문이다.

대개 호스피스 의료진은 가정뿐만 아니라 병동에서도 환자의 건강에 대해 안정적으로 논의할 수 있는 가족 보호자를 염두에 둔다. 가족이 환자의 일상과 정서에 도움이 되는 측면도 있겠지만, 환자의 상태가 나빠졌을 때 그를 대리하여 각종 '(행정적·의료적)결정'을 할 수 있기 때문이다. 의료진은 환자 보호자와 함께 그 급박한 상황을 안정적으로 '관리'한다.

한편 호스피스 의사 김호성의 지적처럼, 한국 호스피스의 평균 재원 일수는 3주 정도인데, 임종기로 볼 수 있는 그 시간마저도 많은 보호자가 생업 때문에 환자 곁을 지키지 못해 죄책감에 시달린다.[2]

간병 문제도 심각하다. 호스피스 간병(완화 도우미) 제도가 있지만 현장을 겉돌고 있다. 호스피스 의료진 배치는 환자 수에 맞추는 반면, 간병 인력은 병상 수에 맞춰야 하기 때문이다. 환자가 있든 없든 병상 수에 맞는 간병 인력을 갖춰야 하는데, 국가가 지원하는 노무비는 최저임금 수준에 머물러 있다. 국가가 환자 부양과 간병을 가족에게 떠맡기는 현실에서 의료진은 오롯이 환자의 자기결정권을 존중하기 어렵다.

이처럼 호스피스는 말기 돌봄이 의료 기술 및 제도의 문제이기도 하지만, 무엇보다 그것들을 조합하고 활성화할 수 있는 돌봄 제공자의 삶의 조건과 밀접한 관련이 있음을 드러낸다.

간호사 한 명당 환자 40명

앞서 언급한 가정형 호스피스 간호사가 담당하는 암 환자들은 큰 수술을 집도한 대학병원 의료진이 자신들을 돌봐주기를 기대했지만 한 달도 채 안 돼 '쫓겨난 경험'이 있었다. 의료진은 수술 후 환자에게 평소에는 요양병원에 있다가 필요 시 대학병원 외래나 응급실을 통해서 입원하라고 권했다. 원론적으로 말하면 의료전달체계상 3차 의료기관인 대학병원은 환자의 중장기적 안정보다는 새로 들어오는 위중증 환자 치료에 우선순위를 둔다. 하지만 환자들이 동네 의원에서 어렵지 않게 진료 의뢰서를 받아 대학병원으로 몰리는 현실에서 의료전달체계는 큰 의미가 없다. 따라서 대학병원은 각종 검사 및 수술을 받는 환자를 위해 병상 회전율을 높게 유지하는 방법으로 '교통 정리'를 한다. 건강보험 수가가 낮고 비급여 진료도 거의 없는 입원 환자가 주요 정리 대상이다. 이러한 의료전달체계와 건강보험 수가의 난맥상으로 수술 이후 환자 돌봄은 사실상 가족 및 보호자가 알아서 해야 하는 일로 남는다.

한편 암 환자는 요양원이나 요양병원에서 돌봄을 받기도 어렵다. 노인장기요양보험제도 안에 있는 요양원은 치매를 비롯한 노인성 질환을 앓는 환자에게 초점을 맞추고 있다. 요양병원도 노인 환자를 중심으로 운영된다. 현재 요양원 입소에 필요한 장기요양 1·2등급(거동이 거의 불가능한 상태)을 받지 못해서 요양병원으로 향하는 노인들이 적지 않다. 혼자 힘으로 거동은 가능하지만 일상적 돌봄이 필요한 노인들은 크게 아프지 않아도 요양병원에 입원한다. 그러다 보니 중증 환자는 의사가 없는 요양원('수발'을 전제한 복지시설)에 가고, 경증 환자는 의료진이 있는 요양병원('시술'을 전제한 의료시설)에 가는 아이러니한 상황이 벌어진다.[3]

더욱이 노인성 질환을 주로 보는 요양병원에 완화의료팀이 있는 경우는 드물다. 호스피스에선 간호사 한 명이 환자 다섯 명 정도를 돌보는 반면, 요양병원에서는 간호사 한 명이 환자 40명을 감당하는 경우도 있을 만큼 두 기관의 환경 차이가 크다. 요양병원이 완화의료 전문기관으로 거듭나야 하는지, 그럼 어떤 준비가 필요한지에 대해선 향후 면밀한 검토가 필요한 실정이다(현재 일부 요양병원이 호스피스 시범사업을 하고 있다).

떠도는 환자들

현재 한국의 호스피스는 말기암 환자를 중심으로 운영되고 있다. 즉 암 환자가 호스피스를 이용하기 위해서는 주치의로부터 '말기' 판정을 받아야 한다. 하지만 암 환자의 치료 과정에서 말기는 뚜렷한 경계가 있는, 분절 가능한 시기로 보기 어렵다.[4] 예컨대 대학병원 의료진이 암 환자에게 요양병원, 외래, 응급실 등을 언급한다는 것은 '치료 계획'이 아직 있다는 말이기도 하다. 이 계획은 암이라는 적을 섬멸하기 위한 일종의 전략전술이다. 의료진은 종양(합병증, 부작용, 재발, 전이 등을 포함)의 형태와 병기에 따라 수술·항암제·방사선 치료를 동원한다. 이 계획을 따라서 종양이 근절되어 환자의 몸이 좋아질 수도 있고, 반대로 종양이 억제되지 않은 채 환자 상태가 나빠질 수도 있다. 여기서 주목할 점은 더 이상 치료 계획이 유효하지 않은 시점, 즉 종양을 해결할 수 없는 말기라는 시간을 환자, 보호자, 의료진이 상이하게 인식한다는 것이다.

의료진(특히 담당 교수)이 '환자에게 더 이상 해줄 것이 없다'라고 판단한 것과 별개로, 환자 및 보호자에게 말기를 고지하고 호스피스 이야기를 꺼내기란 쉬운 일이 아니다. 먼저 의료진, 환자, 보호자 간에 말기에 대한 인식이 충분히 공유되어야 하고, 다음으로 '적극적 치료'가 아닌 '호스피스'에 대한 합의가 뒤따라야 한다. 가령 의료진은, 초등학생 자녀가 있고, 가족의 생계를 책임지며, 치료 가능성을 굳건히 믿고 있는 중년 남성 암 환자와 대화를 하게 될 수 있다. 또 자녀 양육과 환자 간병을 도맡아 하며 '어려운 상황'을 이겨내기 위해서 최선을 다하고 있는 보호자도 고려할 수 있다. 의료진 중 누가(교수, 레지던트, 간호사), 언제(말기 판정 직후, 임종기), 어떻게(직설적, 뜸들이기, 돌려 말하기, 희망적 사고), 누구와(환자, 보호자) 말기 및 호스피스에 대해서 대화할 것인가?

말기 고지 및 호스피스 전원은 그런 '지난한 과정'을 전제한다. 대개 치료 계획에 관해서는 의료진 간에 견해차가 크지 않지만, 말기에 관한 의료결정은 교수의 '철학'에 따라 요동친다. 어떤 의사는 환자와 보호자의 안타까운 사정을 고려해 끝까지 치료를 고민할 수도 있고, 또 어떤 의사는 그들이 절망하지 않도록 말기 및 호스피스에 대해 모호하게 말할 수도 있다. 즉 말기는 당사자들(환자, 보호자, 의료진) 간의 입장, 신뢰, 의사소통 등에 따라 의학적 판단과 비슷한 시기가 될 수도 있고, 그로부터 한참 뒤가 될 수도 있다. 게다가 정신없이 바쁜 대형 병원에서 당사자들이 이 복잡한 협의를 할 정도의 '라포르(rapport: 상호 친밀감, 신뢰관계)'를 형성하기란 무척 어렵다. 치료가 아닌 돌봄과 관계가 있는 말기라는 시간은 지리멸렬에 빠지기 십상이다. 환자의 체력이 급격히 떨어지면 그제야 '말기' 딱지를 붙인

채 호스피스 전원이 이뤄진다.

그 결과 호스피스 의료진은 임종이 임박하거나, 말기에 대한 인지가 분명하지 않은 환자를 만나게 된다. 환자는 호스피스에서 의미 있는 생의 끝자락을 보내고 싶어도 체력과 시간이 없다. 완화의료 전문가들은 호스피스의 가치를 실현하기보다는 '임종 처리' 역할을 맡으면서 소진된다. 이런 현실에서 '호스피스는 죽으러 가는 곳'이라는 사회적 인식이 싹튼다. 간혹 책이나 다큐멘터리에서 접하는 선진국 호스피스의 사례들, 예컨대 가든파티, 바닷가 여행, 사랑하는 사람을 위해 요리하기 등을 한국에서 보기 어려운 이유다.

호스피스는 임종 처리 기관이 아니다

제2차 세계대전 이후 발전한 인공호흡기, 심폐소생술, 장기이식 등의 의료 기술은 죽음에 적극적으로 개입했다. 이러한 의료 기술은 위급한 환자의 생명을 살리기도 했지만, 회복 가능성이 불투명한 환자가 온갖 기계장치에 의존한 채 생명을 유지(혹은 연명)하게도 만들었다. 더 이상 죽음을 종교나 자연의 문제로만 볼 수 없게 되었다. 삶과 죽음의 양상은 병원이라는 관료적 체계, 의학 지식 및 기술, 환자·보호자·의료진 간의 협의에 따라 달라졌다.

이처럼 삶과 죽음의 경계가 모호해진 시대에 호스피스는 '죽음의 탈의료화'를 주창하는 사회적 운동으로 거듭났다. 1960년대 영미권에서 시작된 이 운동의 요체는 '총체적 고통'과 '전인적 돌봄'이었다. 호스피스는 현대 의학이 간과한 말기 환자의 만성적 통증, 삶의 질, 영적 고통에 주목했다. 치료(cure)보다 돌봄(care)과 편안함(comfort)이란 가치를 추구했던 것이다. 체계적인 통증 조절 기술과 영적·정서적 지지를 통해 환자가 자연스러운 죽음을 맞이할 수 있도록 도왔다.[5]

한국 호스피스도 이러한 역사적 흐름 속에서 탄생했다. 그 시작도 종교가 주도했다. 오스트레일리아에서 온 '마리아의 작은 자매회' 수녀들이 1965년 강릉에 '갈바리 의원'을 설립한 이래로, 1990년대까지 호스피스는 대개 천주교, 개신교, 원불교(소속 학교, 병원 및 복지시설 포함)가 설립한 협회, 세미나, 교육, 봉사활동 등을 통해 보급됐다. 그러다 2000년대부터 호스피스에 대한 제도적 지원이 시작됐다. 주목할 점은 이 지원이 국가암관리사업의 일환이라는 것이다. 정부는 "국내 사망 원인 1위를 차지하는 암 질환으로 인한 고통과 피해 및 사회적 부담을 줄이고, 국민건강을 증진시키기 위해" 1996년부터 2020년까지 총 세 차례 '암 정복 계획'을 추진해왔다.[6]

2003년 암 관리법 제정 및 말기암 환자 호스피스 시범사업,

2005년 완화의료 활성화 사업, 2013년 호스피스 완화의료 활성화 대책, 2015년 말기암 환자 호스피스에 대한 건강보험수가 적용이 이루어졌다. 그리고 2016년에는 호스피스·완화의료 및 임종 과정에 있는 환자의 연명의료결정에 관한 법률이 제정됐다. 현재 정부는 '연명의료결정법'으로 불리는 이 법률에 근거해 호스피스 기관을 지정하고 관리한다. 이 법의 방점은 연명의료 거부나 중단이 아니라 말기 환자가 호스피스를 통해 전인적 돌봄을 받으며 죽음을 맞이할 수 있도록 돕는 데 있다. 호스피스 장려 및 확충 법이라 해도 과언이 아니다.

연명의료결정법은 말기 후천성면역결핍증(HIV/AIDS) 환자, 말기 만성 폐쇄성호흡기질환 환자, 말기 만성 간경화 환자도 호스피스 대상으로 명시하고 있지만, 이들은 호스피스 '입원' 대상이 아니다. 그런데도 이들에게 가정형 호스피스를 제공하는 기관은 전국적으로 열 곳 정도밖에 안 된다. 그마저도 수도권에 몰려 있다.

말기암 환자가 호스피스 '혜택'을 누리고 있다고 보기도 어렵다. 2022년 12월 기준, 전국에 약 100개의 호스피스 기관(시범사업에 참여하는 요양병원 포함)이 있지만 시설별 병상 수는 평균 20개 정도다. 그중에 가정형 호스피스를 함께 제공하는 기관은 고작 37곳뿐이다. 요컨대 완화의료가 필요한 환자 수에 비해 호스피스 수가 턱없이 부족한 실정이다.

사실 호스피스 병동은 병원의 수익에 별 도움이 안 된다. 이른바 돈이 되는 진단과 치료 대신 돈이 안 되는 돌봄을 중심으로 운영되기 때문이다. 따라서 호스피스 병상 상당수가 공공의료원에 의존하고 있다. 하지만 이번 팬데믹을 거치며 목격했듯이 몇 안 되는 공공의료원들이 코로나19 환자를 대거 받으면서 호스피스 병상 수는 대폭 줄어들었다. 호스피스 21곳이 휴업하고 감염병 전담 병원으로 전환됐다.[7] 평소에도 말기 환자들은 호스피스를 기다리면서 집 안팎을 떠돌았는데, 코로나19로 인해 그 대기 시간은 더 길어졌다.

환대와 돌봄의 시공간이 될 수 있을까

오늘날 호스피스는 생애 말기 돌봄의 지평을 넓히고 있다. 호스피스 의사, 간호사, 사회복지사, 성직자, 치료사, 자원봉사자는 종교와 관계없이 환자의 '고통'에 공감하고, 존엄한 죽음에 관해 고민하고 있다. 문제는 환자가 호스피스까지 가는 경로가 멀고 험난하다는 것이다.

한국 의료라는 컨베이어벨트는 천천히, 수평으로, 매끄럽게 움직이지 않는다. 이 장치는 환자의 '몸'을 진단과 치료에 치우친 방향으로 급격히 회전시킨다. 각 구간 사이는 찢어지고, 경사지고, 굴곡져 있다. 이 '역동적인 과정'이 진행되면 될수록 돌봄의 가치는 부서지고, 가족 보호자의 부담은 커지며, 의료진은 분열한다. 질병의 치료 가능성과는 별개로, 환자 삶의 위험이 증식하는 구조다. 그래서 호스피스에 주목해야 한다. 의료라는 컨베이어벨트 말단에 위치한 호스피스에 대한 관심은 곧 이 체계를 총체적으로 점검하고 수리하는 일과 밀접히 연결되기 때문이다.

호스피스를 '죽으러 가는 장소'가 아니라 모든 환자를 위한 '환대와 돌봄의 시공간'으로 더 과감하게 상상해야 한다. 시민들이 호스피스를 어렵지 않게 이용할 수 있는 사회라면 죽음의 풍경도 달라질 것이다.

5

콧줄

콧줄 단 채 생의 마지막을
맞아야 하는가

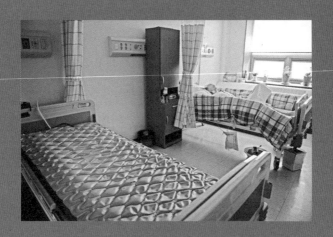

환자의 상태와 삶의 질을 '충분하게' 향상시키지 않고
수명만 연장하는 결과를 초래한다면 무의미한 연명의료가 될 수 있다.

"또 곡기를요? 그러다 엄니가 다시 펄펄 힘이 나서 일어나시면 그때는 큰딸이 언제까장이나 여기 곁에 남아서 뒷감당을 책임져주실라요? (⋯) 그러다 아직 저렇게 기력이 허하신 양반한테 외려 해가 되시지 않을랑가 걱정이 되요마는⋯⋯."[1]

이청준의 소설 《축제》에서 외동댁은 늦은 밤 어머니의 곡기를 걱정하는 광주 큰 시누이에게 원망스러운 듯 목청을 높인다. 노인의 아들 내외와 딸들은 며느리인 외동댁의 눈치를 볼 수밖에 없다. 그가 30대에 남편을 잃고 그 후로도 30년 가까이 어머니를 홀로 모셔왔기 때문이다. 더욱이 최근 6년간 노인은 치매를 앓았다. 돌보기가 여간 어려운 게 아니었다.

돌아가신 줄로만 알았던 87세 어머니가 극적으로 회생하자 장례를 모실 줄 알고 시골집에 오랜만에 모인 가족들은 이제 노인의 먹고 사는 문제가 난감하다. 방 안에 말없이 누워 있는 어머니에게 한 번 더 곡기를 입에 넣어드리는 것이 해가 될지 득이 될지 모르겠으나, 시누이는 먹는 이야기를 꺼내면서 자식의 도리를 다하고 싶은 마음이다. 이 갈등을 잘 이해하고 있는 노인의 아들은 침묵으로 자신의 입장을 정한다. 눈치를 보던 아들의 부인이 조용히 녹두 미음을 들고 와서 노인의 입에 흘려 넣는다.

가족이 스스로 음식물을 섭취할 수 없는 노인의 먹고 사는 문제로 한바탕 시끄럽다. 미수(米壽)를 한 해 앞둔 어머니를 걱정하며 '윤리적' 태도를 취하기에 급급하다. 하지만 이 상황이 노인에게도 마땅했을까? 명확하지 않다. 노인이 무엇을 원하는지 알 수 없을뿐더러 무엇이 그에게 최선의 돌봄인지에 대한 논의도 부재하다. 가족들이 윤리적이라 여기는 행위는 명시적 가치규범인 효(孝)와 각자의 처지를 반영한 타협의 결과물이다. 가족 사이의 도리가 강조되고, 며느리의 '나 홀로' 돌봄은 간과되며, 노인의 목소리는 소외된다. 자녀들은 어머니가 아니라, 어머니를 통한 가족의 오래된 질서를 돌보고 있다. 소설이 아닌 현실에서도 너무나 익숙한 풍경이다.

부연고자 노인에게는 또 다른 차원의 돌봄이 제공된다. 2014년 한 종교재단이 운영하는 'ㄱ노인요양원'을 살펴볼 기회가 있었다. 서울 강북 지역에 위치한 이곳은 노숙자와 행려병자를 위한 의료복지 시설이었다. 200명이 넘는 입소자 대부분이 80대와 90대였다. 요양원에서 특히 눈여겨본 곳은 가장 중증인 노인이 모여 있는 1층이었다. 중환자실을 연상케 하는 공간에 노인 10여 명이 눈을 감고 웅크린 채 침상에 누워 있었다. 간호부장은 이들이 이곳에서 평균 10년쯤 살다가 사망한다고 했다. 그는 1층 노인들이 각별한 돌봄을 받는다고 설명했다.

ㄱ노인요양원의 간호사와 요양보호사들은 "의지할 곳 없고 얻어먹을 힘조차 없는 어르신을 모시는 일"에 사명감을 드러냈다. 그들에게 "어르신이 먹고 사는 문제"는 매우 중요한 일이었다. 간호부장이 가장 강조한 건 생명의 신성함이었다. 그에 따르면, 생명은 신의 영역이므로 인간이 함부로 그 가치를 매길 수 없다. 다시 말하면 모든 생명은 지속되어야 한다. 다음으로 그는 약자를 향한 인간적 의무를 말했다. 갈 곳 없고 음식물을 스스로 섭취할 수 없는 노인 환자는 우리 사회에서 최약자이므로 이들을 보호해야 한다고 했다. 마지막으로 그는 "환자가 굶어 죽게 놔두어서는 안 된다"라고 목소리를 높였다. 특히 수분·영양 공급은 의료가 아니라 인간의 존엄을 위해 필요한 기본적인 돌봄이라고 설명했다.

삶의 질과 관련 없는 비위관 삽입

내 눈길을 끈 건 노인들이 '식사'하는 모습이었다. 1층 어르 신들은 입을 통해서 먹지 않았다. '콧줄'이라 불리는 비위관 삽 입(Levin tube insertion)을 통해서 수분과 영양을 공급받았다.

비위관 삽입은 환자의 코를 통해 식도를 지나 위까지 삽입 하는 관(管)으로 음식물이나 약물을 투여하는 의학적 시술을 뜻한다. 2008년 도입된 노인장기요양보험과 더불어 늘어난 요 양원과 요양병원에서 일상적 의료행위로 자리 잡았다.

중요한 건 비위관 삽입이 어디까지나 '의학적 시술'이라는 점이다. 이 시술이 상당 기간 진행된 퇴행성 신경질환(예컨대 알 츠하이머병)과 연하곤란(삼킴 장애)을 겪고 있는 와상(臥牀) 환자 의 삶의 질을 개선하고, 의학적으로 도움이 된다는 근거는 미 비하다. 의료인은 환자에게 가장 이익이 되는 방향으로 비위 관 삽입을 결정해야 한다. 환자의 상태와 삶의 질을 '충분하게' 향상시키지 않고 수명만 연장하는 결과를 초래한다면 그 시술 은 무의미한 연명의료가 될 수 있다.

무엇보다 비위관 삽입에 대해 입소자들이 자발적으로 동의 하지 않았다는 점도 지적할 필요가 있다. 오랫동안 노숙 생활 을 하다가 아픈 몸으로 길에서 발견되고, 응급실을 거쳐 요양 원으로 들어온 노인들은 쇠약해질 대로 쇠약해져 있었다. 어르신들이 그 의료행위에 대해 명확하게 이해하고, 의사를 밝히면서 자기결정권을 주장하기란 현실적으로 쉽지 않다. 이들에게는 대신해서 목소리를 내줄 가족이나 지인도 없는 상황이다.

온갖 윤리적 수사로 뒤덮인 그 돌봄의 대상은 노인들의 생명 그 자체다. 간호사와 요양보호사는 정해진 시간에 콧줄을 통해서 노인들에게 수분과 영양을 공급하고, 기저귀를 관리하며, 욕창을 예방한다. 숨 쉬고 먹는 콧구멍을 가진 존재로 전락한 노인들은 10여 년간의 조용한 와상 생활 끝에 '자연사' 한다. 이렇게 간호사와 요양보호사는 무연고 노인들의 생명을 존중하고 있다. 이 '생명 존중'이 곧 요양원의 운영 원리이고 질서다.

ㄱ노인요양원 간호부장에게 조심스럽게 물었다. "선생님도 나중에 나이가 들어서 요양원에 입소할 수 있는데, 그때 여기 노인들처럼 음식물을 섭취하지 못해서 비위관 삽입을 하게 된다면 어떨 것 같으세요?" 간호부장은 멋쩍게 웃으며 대답했다. "아, 저는 절대 싫어요. 저는 이런 상황이 생기지 않도록 나이가 좀 더 들면 사전의료의향서를 꼼꼼하게 써놓을 생각이에요. 가족들에게도 내 생각을 명확하게 이야기해놓아야죠."

좋은 죽음이란 무엇인가

비슷한 시기 서울 강남 지역의 'ㄴ구립요양원'도 살펴봤다. 최소 5년은 대기해야 입소가 가능하다는 이 요양원은 지역 내에서 좋은 평판을 받고 있었다. 원장은 입소자들의 수분·영양 공급에 특히 신경을 썼다. 그는 콧줄이라 불리는 비위관 삽입은 노인들의 삶의 질을 개선하지 못한다고 강조했다. 어르신들이 입으로 음식물을 섭취할 수 있도록 돕는 것이 좋은 돌봄이라는 것이었다. 그래서 시간이 많이 걸리고 힘이 들어도 끝까지 포기하지 않고 입소자들의 식사 수발을 든다고 했다. 이 요양원은 비위관 삽입을 한 노인을 애초 입소 과정에서 제외했다.

간호사들은 이곳을 노인들이 편안하게 여생을 보내는 "생의 마지막 집"이라고 표현했다. 원장과 간호사들은 좋은 죽음을 "잠자듯, 고통 없이 죽는 것" 또는 "노화에 의해서 자연스레 죽는 것"으로 정의했다. 자연사가 좋은 죽음이라는 의미였다. 이런 관점에서 보면 콧구멍으로 수분과 영양을 공급하는 일은 자연스럽지 않다. 보호자들도 비위관 삽입에 반대 의견을 밝혔다. 이들 역시 콧줄이 "노인의 생명을 무의미하게 연장하는 의료"라고 규정했다. 고통스러운 생애 말기를 연장하는 것은 보호자로서 할 일이 아니라고 했다.

한편, 요양보호사들은 식사 수발을 "전쟁"으로 표현했다. 그 말은 틀리지 않아 보였다. 넓은 거실에서 요양보호사 두 명이 열 명이 넘는 노인을 챙겼다. 다수의 입소자는 음식에 관심이 없거나 스스로 식사를 할 수 없는 상태였다. 촘촘한 업무 스케줄을 소화하기 위해서는 한 시간 안에 식사 수발을 마쳐야 했다. 좀처럼 음식에 관심이 없는 노인을 달래는 것도, 밥 한술 먹고 한참을 우물거리는 노인을 무한정 기다리는 것도 현실적으로 불가능했다. 요양보호사들은 반찬을 으깨고 물에 밥을 말아 목 넘김이 수월하도록 유동식을 만들었다. 거기에 살포시 약을 올려두는 것도 잊지 않았다. 그들은 부드럽고 신속하게 노인들의 입속으로 수분과 영양을 공급했다. 이 요양원에서 노인은 집중적인 의료적 처치가 필요한 환자도 아니지만, 그렇다고 해서 이전의 일상으로 돌아갈 수 있는 사람도 아니었다. 노인들은 인지적, 신체적 불편을 겪고 있었고, 그 불편은 의료 전문가에 의해서 치매, 당뇨병, 식이장애, 우울증 등으로 진단됐다.

　'인공적인' 비위관 삽입을 하지 않고 '자연스러운' 생애 말기 돌봄을 받고 있는 이 요양원의 입소자들은 어떻게 임종할까? 생긴 지 5년이 넘은 이 시설 안에서 사망한 노인은 단 두 명이었다. 밤에 자다가 자연스럽게 돌아가셨다고 했다. 요양원에서 좋은 죽음으로 여기는 바로 그 자연사다. 이들 외에 임종한 노인이 없는 건 아니었다. 하지만 그들은 모두 시설 밖인 병원에서 임종했다.

간호사들은 입소 노인에게서 임종 증세를 발견하면 곧바로 보호자에게 연락을 취해 응급실로 가기를 요청했다. 간호부장은 이곳이 노인들의 여생을 보내는 마지막 집이지, 임종 장소는 아니라고 했다. 요양원은 병원도 호스피스도 아니라는 이유였다. 임종은 병원이나 집에서 해야 한다고 했다. 요양원은 의사가 없는 의료'복지' 시설이다. 노인이 임종했을 때 보호자가 의혹이라도 제기한다면 요양원으로서는 난감할 수밖에 없다. 자칫하면 당국의 수사를 받을 수도 있기 때문이다.

보호자에게는 이러한 상황이 큰 스트레스다. 한 보호자는 현재 본인의 머릿속을 가득 채우고 있는 근심이 "임종이 임박했다는 연락을 받고 부모님을 응급실에 모셨는데 부모님의 몸 상태가 좋아져서 다시 시설로 돌아가야 하는 상황"이라고 말했다. 병원에 장기 입원을 하게 되면 어렵게 입소한, 평판 좋은 요양원에서 짐을 빼야 하는 상황이 생길 수 있기 때문이다.

요컨대 말기 돌봄 경험은 보호자에게 '고통스러운 일'이었다. 이들은 노부모를 돌볼 때 무엇을 참고하고 믿고 따라야 하는지에 대한 모든 문제를 '알아서' 해왔다. 친족 자원을 동원하고 사보험의 도움을 받고 소문과 인터넷 정보를 참고하면서 노부모를 집에서, 응급실에서, 대학병원에서, 요양병원에서,

이제는 요양원에서 돌보고 있었다. 보호자들은 이러한 노력에도 불구하고 부모를 집이 아닌 요양원에 모셨다는 것에 대한 사회적 시선이 따갑게 느껴진다고 고백했다.

생애 말기의 윤리를 질문할 때

철학자 미셸 푸코의 분석처럼, 개인의 윤리는 특정 시대의 제도, 담론, 지식, 또 그와 관련된 실천을 통해서 '구축'된다.[2] 윤리를 사회가 개인에게 부여한 규범과 의무로만 보는 관점에서 벗어날 필요가 있다. 오늘날 생애 말기에 강조되는 윤리 역시 마찬가지다. 효, 도리, 연명의료결정법과 같은 '선언적 윤리'는 개개인이 경험하는 '일상적 윤리'와 끊임없이 상호작용한다.

문제는 그러한 윤리가 당사자인 노인을 끊임없이 배제하고 있다는 점이다. 고령화사회가 필연적으로 직면하게 된 문제를 윤리의 이름으로 가족, 특히 여성(요양보호사, 간호사, 딸, 며느리 등) 책임으로 전가하고 있다는 점도 간과해서는 안 된다. 존엄하지 못한 돌봄의 경험은 결국 존엄하지 못한 죽음으로 이어진다. 생애 말기 돌봄을 담당하는 주체의 열악한 노동조건을 개선하지 않으면서 의료적·생물학적 돌봄만을 최선으로 여긴다. 대부분 병원에서 죽기 때문에 그 '나머지' 죽음은 잘 보이지도 않는다. 노화와 죽음에 대한 터부와 혐오는 그 위에서 싹튼다.

6

말기 의료결정

누구의 목소리에
귀 기울여야 할까

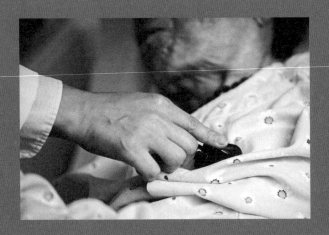

환자가 '어떻게' 죽음을 맞이할 것인가에 대한 응답이 아니라
환자가 '언제까지' 살 수 있는지에 대한 합의를 도출하고 있다.

처음에는 건성으로 들었다. A대학병원 혈액종양내과 의료진은 내게 중·장년 남성 환자가 소통을 못 해서 골치가 아프다고 했다. 말기 의료결정을 제때 해야 되는데 환자가 가타부타 말이 없으니 그 속을 알 수 없어 답답하다고 했다. 의료진은 자신들이 도와줄 테니 환자의 소통에 대한 인류학적 연구를 해보라고 권했다. 이 문제를 '외부자의 시선'으로 분석해주길 기대했던 것이다. 여기서 말기 의료결정이란 "치료효과 없이 임종과정의 기간만을 연장하는 심폐소생술, 혈액 투석, 항암제 투여, 인공호흡기 착용 등의 의학적 시술을 시행하지 않거나 중단"하고, 말기암 환자가 호스피스에서 생의 끝자락을 보낼 수 있도록 돕는 절차를 가리킨다.[1] 흔히들 말하는 무의미한 연명의료 없이 '자연스러운 죽음'에 이르는 길이다.

중·장년 남성 환자는 대체 왜 소통을 못 해서 의료진을 답답하게 만드는 것인가. 솔직히 문제는 뻔해 보였다. 평소에 무뚝뚝한 아저씨가 죽을 때가 됐다고 주변 사람들을 곰살궂게 대할 리 만무했다. 그런 변화는 드라마 속에서나 가능하지 않던가. 그런 생각을 하다가 문득 남성 환자의 특성을 조명하기보다는 그들의 이야기를 토대로 말기 의료결정이 무엇인지 알아보고 싶어졌다. 한국인 열 명 중 여덟 명이 병원에서 사망하는 오늘날, 말기 의료결정을 둘러싼 환자, 보호자, 의료진(특히 의사) 간의 갈등을 살펴보는 일은 곧 '죽음의 현실'을 다각도로 조명하는 것이라고 생각했다. 결국 나는 A대학병원 혈액종양내과 의료진, 남성 암 환자(40~65세), 보호자에게 연구 취지와 목적을 설명하고 동의를 받아 2014년 8월부터 10월까지 현장연구를 수행했다.

의료진이 묘사한 남성 환자는 누구였을까? 이 질문에서 중요한 단어는 '묘사'다. 의료진에 따르면, 그 남성 환자는 부부와 미혼 자녀로 이뤄진 한집안의 가장이다. 가족 부양에 대한 책임감이 강하다. 어수선하고 친밀한 수다보다는 정치나 경제에 대한 설명을 즐긴다. 타인의 시선에 예민하고 체면을 중시한다. 자신의 정체성을 직업에서 찾는 까닭에 선생님, 부장님, 사장님 등의 직함을 중요하게 여긴다. "암에 걸렸다"는 말을 사회 활동의 중단, 사회에서의 배제로 인식한다. 암 치료가 어렵다고 판단되면 "다 끝났다", "실패한 인생이다"와 같은 반응을 보이며 입을 굳게 다문다. 한편 보호자의 태도에도 문제가 있다. 환자를 간병하는 아내, 누나, 여동생, 어머니는 각종 의료결정에 개입한다. 환자의 바람이나 몸 상태와는 상관없이 치료를 고집하는 경향이 있다. 그런 '가족주의'가 '환자의 자기결정권'을 방해한다. 그 결과 환자는 무의미한 연명의료를 받으며, 중환자실에서 쓸쓸하게 사망한다. 그러고 보면 말 많은 보호자의 '의료 집착'이 말 없는 환자의 '존엄한 죽음'을 가로막고 있는 셈이다.

한편 의료진은 스스로를 체계화된 연구와 임상 경험을 바탕으로 결정을 내리는 전문가, 소위 '근거 중심 의학(Evidence-Based Medicine)'을 실천하는 집단으로 묘사했다. 말기암 환자를 호스피스로 보내는 것은 의학적으로 올바른 일이다. '공격적' 항암 치료 대신 조기에 완화의료를 받은 말기암 환자들의 생존 기간이 오히려 증가했다는 연구도 있다.[2] 그들의 삶의 질도 좋았다. 요컨대 의료진은 말기암 환자가 호스피스에서 통증 관리 및 정서적 지지를 받으면서 편안한 상태로 지내길 바란다. 가족 및 지인과 작별할 수 있는 충분한 시간도 갖기를 기대한다. 문제는 남성 환자의 특성과 보호자의 의료 집착이 말기 의료 결정을 어렵게 한다는 것이다.

하지만 의료진의 그러한 이해 방식(혹은 '묘사')은 얼마든지 뒤집어 볼 수 있다. 가령 중·장년 남성 환자는 재정 자립도나 사회적 자본을 기준으로 봤을 때 다른 환자군보다 훨씬 '자율적인' 사람들이다. 어린이·청소년 환자는 부모의 보호 아래에 있고, 노인 환자는 자녀의 돌봄에 영향을 받는다. 중·장년 여성 환자는 '마음 편하게' 병원에 있기가 어렵다. 아버지, 남편, 남자 형제가 간병을 하는 경우가 흔치 않은 데다가, 혹여 남성에게 돌봄을 받는 것에 대해 '죄책감'을 느끼기도 한다. 집에서 누군가를 돌봐야 할 딸, 아내, 엄마, 가정주부로서의 '정체성'은 병동에서조차 쉽게 흔들리지 않는다. 내가 병동에서 만난 남성 환자는 첫 진단에서부터 입원까지의 모든 과정에 참여해왔다. 거기에는 의료적 판단뿐만 아니라 가족 걱정과 가계 살림에 대한 계획도 포함되어 있었다. 게다가 아내, 누나, 여동생, 어머니는 퍽퍽한 일상 가운데서도 환자가 최대한 자율성을 발휘할 수 있도록 그 곁을 지키는 사람들이었다. 그 관계성 덕분에 환자는 병동에서도 일상생활과 자기 삶의 서사를 최대한 오랫동안 유지할 수 있었다.

한편 인터뷰에서 만난 의사는 환자에게 말기를 고지(告知)하고 항암치료를 중단하는 일이 결코 쉽지 않다고 했다. 그 결정을 교과서처럼 하기에는 무리가 있다고 밝혔다. '말기'는 환자가 항암치료에 더 이상 반응하지 않고, 그 치료로 기대되는 이득보다 부작용으로 인한 손실이 더 많아진다고 판단되는 시점을 가리킨다. 의사는 의료 현장에서 말기라는 단어가 애매모호하게 통용된다고 말했다. 사람들(환자, 보호자, 의료진)은 초기가 아니면 말기라고 오해하기도 하고, 심지어 말기와 임종기라는 용어가 혼재하고 있다고 했다. 용어 문제를 차치하고라도 말기 의료결정은 환자의 몸 상태뿐만 아니라 그 주변 사람과 환경까지도 고려해야 하는 복합적이고 어려운 일이라고 말했다. 환자마다 처한 형편이 다르고, 그 상황을 어떻게 판단할지는 의사의 '철학'에 달려 있다고 밝혔다. 그러고 보면 의료진이야 말로 말기 의료결정 앞에서 부화뇌동을 하는 사람인 셈이다.

불안하거나 절박하거나

이처럼 환자, 보호자, 의료진 간의 상이한 소통 방식에 주목할 필요가 있다. 이는 말기 의료결정을 둘러싼 당사자 간의 갈등을 살펴볼 수 있는 유용한 방법이다. 먼저, 말기 의료결정이 이루어지는 병원이란 '공간'을 사람들이 어떻게 인식하는지 검토해보자. A대학병원에는 호스피스 병동이 없다. 그런데 ㄱ환자는 혈액종양내과 병동을 호스피스 혹은 "여생이 얼마 남지 않은 사람들"이 모인 장소로 인식했다. 대개 말기암 환자가 입원하고 1인 임종실이 설치된 곳이기 때문이라고 했다. 무엇보다 입원은 환자의 '생활 방식'을 급격하게 바꾸는 일이었다.

"하다못해 옆 동네로 이사하는 것만 해도 큰 스트레스인데 병원은 너무 낯선 곳이죠. 솔직히 입원을 좋아할 사람이 어디 있겠어요. 입원 자체가 스트레스죠. 입원 초기에는 마치 군대에 온 것 같았어요. 몇 시간 전만 해도 자유의 몸이었는데 입대 후에는 일상의 모든 것들이 정해진 규칙 등으로 통제를 당하잖아요. 내 몸이 내 몸이 아닌 거죠. (…) 응급실에서 무척 고생했어요. 아파 죽겠는데 정말 알 수 없는 기다림의 연속이더군요. 의료진은 환자에게 무척 냉랭한 태도를 보였고요. 응급실에서 그렇게 고생하고 이 병동에 왔는데 첫날부터 많이 우울했어요. 그냥 일반 병동인 줄 알았는데 주변 환자들과 보호자들이 여기가 호스피스라고 말하더군요. 그때 내가 조금 있으면 죽겠구나 하는 생각이 들었어요. 머리를 식힐 겸 휴게실에 갔는데 거기에는 호스피스에 대한 안내 책자들이 다양하게 비치되어 있더라고요. 거기서 스트레스를 더 많이 받았죠." (ㄱ환자)

한편 ㄴ환자에게 병원은 언제든지 '쫓겨날 수 있는' 불안한 공간이었다. "오늘 아침에 주치의가 와서 통보를 하더군요. 병원에서 더 해줄 것이 없다고 말입니다. 그러면서 병실을 비워달라는 이야기를 했습니다. 응급실에서 여기로 와야 할 급한 환자가 많다고 하면서요. 그래서 제가 그랬어요. 나더러 여기서 나가 죽으라는 소리냐고." 나는 그가 갑자기 통보를 받은 것인지, 평소에 교수 및 주치의와 이런 상황에 대한 논의를 했는지 물었다. 환자는 목소리를 높여 답했다.

"교수님도 그래요. 환자는 솔직히 젊은 주치의보다는 연륜이 묻어나는 교수님과의 대화를 원해요. 그런데 회진 시간이 정확하게 언제인지 알 수 없고, 회진 때 교수님과 이야기를 할 수도 없어요. 교수님이 제게 '괜찮으세요?'라고 묻지도 않고, '괜찮으시죠?'라고 하는데 무슨 말을 더 하겠어요. 교수님이 아무리 바빠도 2분 정도의 시간은 배려해서 환자와 대화를 나눠야 하는 것 아닌가요? 이런 상황인데 갑자기 주치의가 그런 통보를 하니 기가 찰 노릇이죠." (ㄴ환자)

이렇게 불안한 장소에서 환자와 보호자가 의료진과 말기 의료결정을 논의하기란 결코 쉽지 않은 일이었다. 예컨대 ㄷ환자의 보호자는 마음을 졸이며 질병과 치료에 대한 정보를 지인, 간병인, 방송, 인터넷에서 찾고 학습했다. 서양의학은 기본이고 대체의학도 참고했다.

"솔직히 서양의학이 절대적 답은 아니잖아요. 남편이 말기라고 하는데 다른 방법도 있잖아요. 저희 동네에 말기 고지를 받고도 1년 넘게 잘 살고 있는 사람들도 있거든요. 매일 공원에

와서 운동하고 그래요. 매스컴에서 암 환자에게 유용한 민간요법이나 한의학에 대한 소개도 많이 하잖아요. 인터넷에도 정보가 많고요. 여기 병동 보호자들과도 그런 이야기를 많이 하거든요. 시골에서 맑은 공기 마시고 나물 캐먹고 하면서 암을 완치한 사례도 있잖아요. 금침이나 산삼침이 효과가 있다는 이야기도 있고요. 대학병원의 이야기가 전부 맞다는 보장이 없잖아요. 이런 상황에서 '항암치료의 효과가 없다'는 의사의 말만 100퍼센트 믿고 따르기가 쉽지 않죠." (ㄷ환자의 보호자)

ㄷ환자의 보호자는 말기 의료결정을 '의료 다양성' 속에서 검토했다. 한국은 여러 의료가 공존하는 곳이다. 가령 정형외과에서 엑스레이를 찍고 '뼈주사'를 맞은 노인이, 며칠 뒤 한의원에서 침 치료를 받는 모습이 낯설지 않다. 양·한방 협진 병원도 곳곳에 있다. 민간요법도 있다. 또 병원에서는 인정하지 않는(말이 안 통하는) 아픔을 치유하는 무당의 존재도 간과할 수 없다.[3] 그 '의료들'은 저마다 몸, 아픔, 질병, 고통, 치유, 건강에 대한 인식체계, 역사적 맥락, 실천 방법을 갖고 있다. 사람들은 자신의 필요와 상황에 따라 그것들을 조합하고 활성화한다. 특히나 가슴을 졸이게 하는 대학병원이란 공간에 있는 환자와 보호자에게 의료 다양성은 혼란이 아니라 오히려 의지가 된다. 물론 이런 상황을 환자와 보호자의 '선택'으로만 해석하기

에는 무리가 있다. 그 선택을 '불가피한 일'로 볼 수 있기 때문이다. 요컨대 환자와 보호자는 말기 의료결정에 관한 의사의 의견을 그 의료들 속에서 따져보고 수용했다.

저희가 볼 건 다 보거든요

의료진에게 병원은 어떤 공간일까? 병원은 무엇보다 일이 매우 많은 직장이었다.

"보통 외래에서 환자와 대화하고, 라이프 히스토리(life history: 생애사)를 파악해야 하는데 현실적으로 불가능하죠. 제가 외래 환자를 적게 보면 일주일에 150명 정도입니다. 많으면 200명, 더 많으면 그 이상이 될 때도 있고요. 그럼 한 달에 1000명 넘게 본다는 계산이 나오죠? 외래만 그렇고, 입원 환자가 제 경우 15명 정도 늘 있거든요. 정부의 박리다매형 보건복지 정책 하에서는 어쩔 수 없어요. 전문의를 이렇게 저렴한 비용으로 볼 수 있는 나라가 없어요. 의료전달체계도 붕괴가 됐잖아요. 1차 병원(동네 의원)에서 3차 병원(상급종합병원)으로 환자들이 곧바로 옵니다. 진료 의뢰서는 아무런 의미가 없고요. OECD 국가 중에 이런 곳이 있나요? 이렇게 진료만 보는 데 제 시간의 3분의 1정도를 쓴다고 보면 돼요. 나머지 시간은 인턴, 레지던트 교육하고, 랩(lab: 실험실)에 가서 실험하고, 행정 업무 처리하고, 논문도 쓰고, 학회 잡일도 하고, 하루에 회의를 아홉 개씩 하는 날도 많아요. 여름이고 겨울이고 휴가는 없다고 봐야죠." (ㄱ교수)

더욱이 의료진에게 병원은 환자를 '보는' 곳이었다. 의사는 질병, 치료, 건강을 해부학적, 병리학적 방법을 통해서 해석한다. 예컨대 엑스레이, CT, PET-CT, MRI와 같은 영상의학 검사, 그리고 혈액이나 소변을 통한 생화학 검사의 공통점은 환자의 몸(몸 안)을 '보는' 것이다. 각종 검사는 몸을 의학적으로 설명 가능한 형태로 전환한다. 의사는 환자의 몸을 표준 성인의 몸, 즉 의학적으로 '정상'이라 간주되는 몸의 기능 및 수치를 기준으로 판단한다. 그 과정을 통해 의사는 환자의 질병(이상)을 파악하고 환자의 몸을 정상으로 되돌리려는 행위, 즉 치료를 시도한다. 이는 좋고 나쁨의 문제가 아니다. 앞서 의료 다양성을 언급했듯이, 서양의학 또한 몸, 질병, 건강에 대한 인식 체계, 역사적 맥락, 실천 방법을 갖고 있다.

"교수에게 회진은 기본적으로 문제 해결(problem-solving)이죠. 환자의 문제를 제대로 파악해서 그에 맞는 의료결정을 하는 것이 제일 중요합니다. 환자와 대화하는 시간이 아니고요. 그건 주치의가 해야 할 일이죠. 환자들은 회진 때 교수가 시간을 안 쓴다고 하는데 그건 틀린 말입니다. 저희가 볼 건 다 보거든요. 회진은 그냥 병실을 돌아다니는 일이 아닙니다. 환자를 만나기 전에 그 환자의 상태와 관련된 모든 수치, 데이터를 검토합니다. 놓친 것이 있을 수도 있으니 전공의와 대화도 합니다. 그때 어떤 결정을 할지 머릿속에 정해놓죠. 그리고 회진 때 환자 상태를 보고 별 문제가 없어 보이면 최종 결정을 하는 겁니다. 실제로는 교수가 회진을 위해 시간을 많이 쓴다고 봐야 됩니다." (ㄴ교수)

ㄴ교수가 말하는 '환자를 본다'의 의미를 곱씹을 필요가 있다. 의사가 환자의 얼굴보다 모니터를 더 많이 보는 이유를 의료진 태도의 문제로 단정할 수 있을까? 의사에게 환자와 모니터의 경계는 분명할까? '3분 진료'를 초래하는 한국의 기이한 의료체계 속에서 의사는 '모니터(환자의 몸 안)'를 최선을 다해서 보고 있는 건 아닐까? ㄴ교수는 평소에 환자나 보호자와 대화하는 일은 전공의가 맡는다고 했다. 20·30대 레지던트가 그 부모 세대에 해당하는 환자와 어떻게 소통을 하고 있는지 궁금했다.

"솔직히 전공의와 환자가 소통을 한다는 건 거의 불가능하다고 봐요. 너무나도 다른 세대죠. 그래도 어쩌겠어요, 시스템이 이런데. 환자가 의료진의 따뜻한 돌봄이 필요하면 1차 병원이나 2차 병원으로 가야죠." (ㄴ교수)

레지던트는 환자의 상태뿐만 아니라 그 주변 상황(가족관계, 재정 문제 등)도 파악해 담당 교수에게 보고해야 한다. 이 일을 원활히 하기 위해서는 환자 및 보호자와 라포르를 형성해야 한다. 하지만 전공의는 현장에서 그럴만한 여유가 없고, 학창 시절 잠깐 받았던 커뮤니케이션 교육은 큰 도움이 되지 않는다. 그렇다고 바쁜 교수가 '환자 치료와 직접적 관계가 없는' 소통이나 관계 맺기를 주제로 전공의를 교육하는 경우는 드물다. 요컨대 병원은 환자와 보호자에게는 매우 불안한 장소였고, 의료진에게는 정신없이 바쁜 직장이었다. 말기 의료결정에 필요한 여유와 상호신뢰를 기대하기 어려운 환경이었다.

환자와 의사, 모두가 외로운 시간

ㄹ환자는 평소에 자영업을 하면서 가족의 생계를 도맡았다. 건강 악화로 일을 못 하게 되자 부인이 그 곁을 지켜왔다. 모

아둔 돈 대부분을 치료비로 쓰고 있다고 했다. 암 진단을 받은 이후부터 담당 교수의 조언을 토대로 꾸준히 치료를 받았다. "안녕하세요, 반갑습니다. 여기에 앉으세요." ㄹ환자는 침대 옆 간이 의자를 가리키며 나직이 말했다. 그는 대장암이 복막으로 전이된 상태였다. 나는 음식물 섭취를 못 하고 있는 그에게 혹시 생각나는 음식이 있는지 물었다. 그는 "짜장면이요"라고 대답하며 웃었다. 그러면서 사실 음식보다는 아내, 아들, 아버지 생각이 머릿속에 맴돈다고 했다. "아내는 평생 전업주부로 살았어요. 밖에서 일을 해본 경험이 전혀 없어요. 내가 떠나면 본인이 일을 하면 된다고 하는데 그게 어디 쉽겠어요." 그는 눈물을 흘리며 말을 이어갔다. "휴, 아들 생각에 잠이 안 와요. 이 녀석이 많이 어려서 스스로 할 수 있는 것이 하나도 없어요. 이제 대학에 들어간 스무 살이거든요. 내가 좀 더 뒷바라지를 해야 되는데 걱정이에요." 그는 아버지에 대한 언급도 했다. "어머니는 재작년에 돌아가시고 현재 아버지 홀로 사세요. 거동이 불편해서 누군가 돌봐야 하는데 지금 여력이 있는 형제가 없어요. 동생이 주말마다 잠깐 방문하는데 그걸로 충분하지 않죠." 환자는 가족을 책임질 수 없다는 걱정과 미안함에 한숨지었다.

현재 본인의 몸 상태를 어떻게 파악하고 있는지, 또 향후 계획은 어떻게 세웠는지 물었다. "교수님께서는 암세포가 장을

다 막고 있다면서 그게 풀리기를 기다려보자고 하시더군요. 남은 기대 여명에 대한 언급은 하지 않으셨고요." 환자와 부인은 초진부터 현재까지 의료진의 조언을 충실히 수용했다. 그 과정에서 필요한 의료 정보를 파악하고 치료 계획을 수립했다. 의료진에 대한 신뢰가 높은 경우였다. "현재의 의료 기술에 대한 불만과 실망이 크지만 그건 별개고, 여기 교수님은 전문가니까 믿고 따라가야죠." 그럼에도 환자는 담당 교수의 말에서 혼란을 느끼고 있었다. "교수님은 기다려보자고 하는데 저는 솔직히 말해서 시간이 얼마 남지 않은 것 같아요. 며칠 전에 스마트폰으로 인터넷 검색을 해보니 제 상태에선 길어야 3개월 정도 산다고 하더군요." 환자는 회복에 대한 희망과 체력이 더 나빠지기 전에 삶을 정리해야 한다는 초조함 사이를 오갔다. 그럼에도 가족을 생각하면 일말의 가능성도 고려해야 하므로, A대학병원에 있는 게 마음이 편하다고 했다.

병실에서 만난 ㄹ환자는 많이 외로워 보였다. 그 곁에 가족과 의료진이 있지만, 그는 현재의 상황을 스스로 극복해야 할 과제로 여겼다. 그에게 질병은 본인이 평소에 주의하지 않아서 혹은 운이 나빠서 생긴 문제였다. 자신이 가용할 수 있는 모든 자원을 동원해서 그 문제를 해결해야 했다. "용한 의사"를 찾으려고 수소문하고 다녔다. 환자는 사회적 역할을 제대로 수행하지 못하는 자신의 모습을 친구 및 지인들에게 보여주기를 꺼려했다. 그 시간의 흐름에 따라 환자의 말수도 적어졌다. 환자의 이러한 '특성'은 천성이라기보다는 그가 맺은 관계(가족, 친구, 동료, 매체 등)와 수행한 역할(아들, 학생, 아버지, 남편, 부장님, 사장님 등)을 통해 '구성된 현실'에 더 가깝다.

A대학병원의 의료진(의사)은 크게 교수, 펠로(전임의), 레지던트(전공의), 인턴(수련의)으로 구성되어 있다. 연차, 직급 등에 따라 다시 서열화·세분화된다. 시니어와 주니어로 나뉘고, 또 진료 영역에 따라 구분된다. 상하로, 좌우로 분절된 구조다. 그들은 주로 도제식(徒弟式)으로 가르치고 배우고 일한다. 그런 방식은 임상에 유용한 암묵지를 익히는 데 도움이 된다. 암묵지는 '개인에게 체화(體化)되어 있지만 말이나 글 등의 형식을 갖추어 표현할 수 없는 지식'을 뜻한다.[4] 진료 및 교육의 일관성을 유지하기 위한 체계로 볼 수 있다. 한편 대학병원이란 장소에서 그러한 학습 방식은 진료 영역 간의 장벽을 강화하거나, 의료진의 관계를 더욱 수직적으로 만들 수 있다. 대학병원에서 '급'이 다른 구성원들은 열린 토론을 하기가 쉽지 않다. 예컨대 교수의 권위에 눌려 환자의 상황을 제대로 보고하지 못하는 전공의도 있었고, 교수가 명료한 오더를 내리지 않아 혼란스러워하는 전공의도 있었다. 이런 관점에서 보면 의료진을 '언제나' 과학적이고 합리적인 의료결정을 내리는 전문가라고 말하기는 어렵다. 의료진 내부의 일상적 규범이 오히려 환자

를 위한 말기 의료결정을 방해하는 형국이다.

"글쎄요, 개인적으로 환자와의 소통에 특별한 어려움을 느끼지는 못해요. 사실 외래에서 환자와 3분 이상 대화하는 것이 거의 불가능한 시스템이거든요. 가이드라인이 있으면 좋죠. 그런데 가만 보면, 항암치료에 대해서는 어떤 식으로 진행한다, 약은 어떤 걸 쓴다처럼 의사들 간에 참고가 되고 통용이 되는 가이드라인 같은 것이 있어요. 그런데 환자를 돌보는 것에 관해서는 그런 게 없다고 봐야죠. 각 교수마다 고유의 진료 영역이 있거든요. 제가 전공의 때만 해도 환자와 보호자를 보는 시야가 넓었는데 교수가 되고 내 환자가 생기면서 시야가 좁아지고 오히려 자기 세계에 빠진 것 같기도 해요. 다른 교수들은 어떻게 하는지 참고할 기회도 별로 없고요." (ㄷ교수)

ㄷ교수에게 국제 저명 학술지와 완화의료 교과서가 권장하는 말기 고지 시기가 있지 않느냐고 물었다. "물론 저도 말기 관련 연구와 교과서의 내용을 알고 있어요. 하지만 현장에선 케이스 바이 케이스(case by case: 경우에 따라 다름)거든요. 교과서는 중앙값에 대한 이야기를 하니까요. 사실 말기 고지는 교수의 철학에 따라 달라져요. 그래요, 이건 철학의 문제입니다." 수치에 민감한 의사의 입에서 '철학'이라는 단어가 나왔다. 그러

면서 그는 치료를 해도 환자의 종양을 해결하기 어려운 시점, 생존 기간 연장을 기대하기 어려운 때를 언급했다. 즉 말기 고지와 호스피스·완화의료를 고민해야 하는 시점, 환자의 기대여명이 10주 전후로 예측되는 시기에 대해서 말했다.

"이 기간은 완치를 목표로 항암치료를 하지 않아요. 완화의료 기간으로 볼 수 있어요. 말기 고지를 하고 환자를 호스피스로 전원시켜 완화의료를 받을 수 있도록 돕는 게 좋다고 하죠. 교과서대로 하자면 이 시기부터 환자가 아름다운 이별을 준비하고 삶을 정리할 수 있도록 소통해야 되거든요. 그래야 환자가 외국 영화에 나오는 버킷리스트(소망 목록) 같은 것도 이룰 시간을 가질 수 있어요. 하지만 현실적으로 의사가 이런 이야기를 하기는 아주 어렵죠. 중소 규모 병원에서는 아예 이런 말을 못 할 것이고, A대학병원 의사로서도 이 말은 부담스럽죠. 본인이 자타가 공인하는 명의 소리를 듣는다면 모를까. 그리고 한국 문화에선 이런 이야기를 환자에게 직접 하는 것에 대한 저항이 강해요. 저의 경험을 말하자면, 말기암 단계로 넘어갈 무렵에는 언감생심이고, 환자가 임종까지 2개월 정도 남았다고 판단해서 환자에게 직접 말기 고지를 했던 적이 있어요. 그랬더니 그 이후로 환자는 크게 우울해했고; 컨디션도 빠르게 나빠졌고, 보호자는 제게 강하게 항의했어요. 그 후로 저도 고민이 많아지고 말기 고지가 많이 조심스러워졌어요. 생각해보면 그렇잖아요. 환자에게는 죽느냐 사느냐에 관한 문제인데. 의사로서 말기 고지를 하는 것은 너무나 어렵고, 내가 제대로 하는 게 맞나 하는 생각도 드는 게 사실이에요." (ㄷ교수)

　ㄷ교수가 환자와의 소통에서 느끼는 어려움의 근저에는 말기에 대한 불확실한 판단이 자리 잡고 있었다. 그에게 말기 고지는 '혼자 알아서' 대처해야 하는 외로운 일이었다. 말기 고지는 의학적 판단만으로 할 수 있는 일이 아니었다. 그는 말기 고지의 어려움을 문화적 요인(환자와 직접 소통하는 것에 대한 보호자의 저항), 개인적 경험(환자와 보호자에게 득이 안 된다), 그리고 시스템의 문제(환자와 이야기할 시간이 없다, 수가가 너무 낮고 많은 환자가 3차 병원으로 몰린다)로 꼽았다. 그러나 그는 언급하지 않았지만, 말기 고지를 어렵게 하는 또 다른 요소는 의료진의 규범 및 소통 방식이었다. 진단과 치료를 중시하는 의료진의 규범, 그리고 진료 영역, 서열, 역할, 책임 범위에 따라 분절된 의료진의 소통 방식은 돌봄을 고민해야 하는 말기라는 시간 앞에서 무기력했다.

의사가 환자의 의지를 꺾어버리면 됩니까

ㅁ환자는 응급실을 통해 입원했다. 늑막삼출(폐를 덮고 있는 얇은 막들 사이에 체액이 비정상적으로 고이는 현상)로 인한 호흡 곤란으로 병원에 실려 왔을 때, 이미 폐암이 다른 부위로 전이된 상태였다. ㄹ교수는 ㅁ환자 같은 사례가 매우 어렵다고 했다.

> "이 환자분은 제가 외래에서 몇 번 보지도 못했어요. 라포르를 형성할 수 있는 시간이 거의 없었죠. 외래에 보호자가 함께 오지도 않았어요. 저는 외래에서 환자를 보면 처음부터 항암치료와 완화의료에 대해 명확하게 설명하고 계획을 수립합니다. ㅁ환자를 외래에서 봤을 때 말기암 단계에 해당하는 경우였어요. 환자가 응급실을 통해 입원을 했을 때에는 상태가 더 안 좋았고요. 그래서 환자와 찬찬히 대화를 했고, 본인이 항암을 원하지 않아서 그렇게 중단하기로 결정했어요. 하지만 알다시피 보호자의 반발이 심했고요. 환자와 보호자 간의 소통도 안 되고 있어요." (ㄹ교수)

한편 ㅁ환자의 보호자는 얼굴이 상기된 채 말했다. 담당 교수가 본인하고는 한마디 상의도 없이, 환자와 단둘이 항암치료 중단을 결정한 상황에 화가 난다고 했다. 환자가 마음만 먹으면 치료를 할 수 있는 방법이 얼마든지 있는데 교수가 그걸 전부 망쳐버렸다고 했다.

"의사가 그렇게 환자의 의지를 확 꺾어버리면 됩니까? 암이라는 게 물리적인 치료도 중요하지만 그에 못지않게 정신력도 중요한데 말입니다. 의사가 여명이 얼마다, 그런 이야기를 하는데, 본인이 신이 아닌 이상 그걸 어떻게 정확하게 알 수 있나요? 환자가 그보다 더 오래 살 수도 있잖아요. 책임지지 못할 이야기는 그렇게 쉽게 하는 게 아니죠. 환자가 끝까지 희망을 잃지 않고, 치료에 전념할 수 있도록 격려하는 것도 의사의 중요한 일 아닌가요?"(ㅁ환자의 보호자)

반면 ㅁ환자는 아주 평온했다. "현재 내게 제일 중요한 건 마음이 편안한 상태입니다. 의학적 판단을 보고 이야기해야지, 뭐 컨디션 좋을 때는 더 살고 싶고, 통증이 심할 때는 포기하고 싶고, 이런 마음의 변화로 말해서는 안 되죠." 항암치료 중단과 관련해서 가족과 상의를 했는지, 왜 그런 결정을 했는지도 물었다.

"아내가 처음부터 지금까지 엄청나게 반대하고 있죠. 그런데 항암을 하면 그에 따르는 고통이 있잖아요. 제가 그 경험을 해

봤잖아요. 사람이 할 일이 아니에요. 삶의 질이 중요해요. 항암을 해서 조금 더 산다고 삶의 질이 좋아지나요? 항암을 해서 조금 더 사는 것보다는 차라리 먹을 것 먹고, 다닐 곳 다니면서 마음 편하게 있는 게 삶의 질로 봤을 때 훨씬 좋다고 생각해요." (ㅁ환자)

ㅁ환자 사례를 어떻게 이해할 수 있을까? 상술한 바와 같이, ㄹ교수는 의학적 판단뿐만 아니라 환자의 자기결정권도 매우 중시하는 의사였다. 그는 환자가 본인의 상태를 제대로 알고, 그에 맞는 치료 계획을 수립해야 한다고 주장했다. 교과서에 나올 법한 의사의 태도처럼 보였다. 하지만 그는 20여 년을 동고동락한 환자와 보호자(가족) 간의 관계를 섬세하게 고려하지 못했다. 어느 날 부인이 남편의 심각한 몸 상태를 의사의 몇 마디 말만 듣고 단박에 '인정'하기란 쉽지 않은 일이었다. 그렇게 경황이 없는 보호자에게 항암치료 중단은 성급해 보이는 의료 결정으로 다가왔다.

특히 보호자란 사람에 대해서 생각해볼 필요가 있다. 그는 단순히 의료진의 지시에 따라 환자를 간병하거나 각종 결정을 대행하는 자일까? 그런 관점은 환자의 치료와 병원 운영에는 도움이 되겠지만, 환자 삶의 서사가 질병으로 무너지지 않도록 그 곁을 지키는 보호자의 '자리'를 간과한다. 결국 ㅁ환자는 항암치료를 중단하고 2주도 채 지나지 않아 임종했다. 한 연구 간호사는 부인이 장례식에서도 남편의 죽음을 '인정'하지 않았다고 전해주었다. 보호자는 의료진을 많이 원망하는 모습을 보였다고 했다. 정확한 의료적 판단과 환자의 자기결정권을 존중한 의사의 입장에서는 '좋은 죽음'이었을지 몰라도 환자가 떠난 이후의 세계를 살아갈 보호자의 입장에서는 큰 상처이자 '나쁜 죽음'이었던 것이다.

가족이 환자의 자기결정권을 막아도 될까

그러면 정반대의 사례, 즉 의사와 보호자가 환자를 배제한 채 의료결정을 내린 경우는 어떨까? 내가 처음 방문했을 때 ㅂ환자는 항암치료로 인해 체력이 극도로 떨어진 상태였다. 산소호흡기 밖으로 그의 신음소리가 들렸다. 의식은 있었지만 의사표현은 어려웠다. 각종 진통제로도 몸 구석구석에서 발생하는 통증을 줄이기 쉽지 않은 상황이었다. 그는 2013년에 위암 4기 판정을 받았고, 현재 복막으로 암이 전이되어 다음 날 호스피스로 전원이 결정된 상태였다. 보호자는 환자가 원했던 호스피스 입원을 반대한 것에 대해 죄책감을 느낀다고 했다.

"항암 초기에 남편의 컨디션이 좋아져서 가족과 친지들은 암세포가 죽어간다고 많이 기뻐했어요. 하지만 남편은 항암치료로 정상 세포가 다 파괴되고 있다고 괴로워했어요. 항암치료는 무의미한 연명의료라고 말했어요. 치료 기간이 길어지자 이건 본인을 위한 것이 아니라는 말을 했어요. 호스피스로 가서 생을 편안하게 마감하고 싶다고 했죠. 하지만 저와 딸 그리고 남편 형제들 모두는 환자가 겨우 40대 초반인데 적극적으로 치료를 해보지도 않고 호스피스로 보내는 것은 무책임하고 도리에도 맞지 않는다고 판단했어요. 저도 치료에 대한 '끈'을 쉽게 놓으면 나중에 '한'이 될 것 같았고요." (ㅂ 환자의 보호자)

ㅂ 환자의 보호자는 담당 교수와 첫 진단부터 현재까지 긴밀하게 소통하며 남편을 돌봐왔다고 했다. 그 과정에서 환자와 교수 간의 대화도 있었느냐고 질문했다. "네, 원칙적으로는 환자와 의료진이 직접 커뮤니케이션을 하는 게 맞죠. 하지만 배우자로서 그렇게 하도록 가만히 있을 수는 없었어요. 남편이 모든 치료를 거부하고 호스피스로 가길 원한다는 것을 아주 잘 알고 있었으니까요. 그래서 ㅁ 교수님이 회진을 오면, 복도에 나가서 따로 이야기를 했어요. 남편에게는 교수님과 나눈 대화 내용을 희석해서 한정된 정보만 전달했어요." 이윽고 보호자는 인터뷰 초기에 드러낸 죄책감과 상반된 입장을 취했다.

"사실 주사가 무서워서 동네 병원도 안 갔던 사람을 내가 이렇게 고생시킨 것 같고 (…) 그래도 가족, 친지 입장에선 고마워요. 환자가 고통을 많이 받는 걸 알지만, 그래도 여태까지 살아줘서 고마운 마음이 크죠. 처음부터 지금까지 포기하지 않은 의료진에게도 많이 감사하고요. 솔직히 지금은 더 이상 여기서 할 수 있는 것이 없어서 호스피스로 가는 것이지, 만약 남편 상태가 모르핀(마약성 진통제)이 잘 들어, 통증 조절만 잘되면 여기서 계속 치료를 하고 싶어요." (ㅂ환자의 보호자)

평소 호스피스 봉사 활동을 했던 ㅂ환자는 생의 끝자락을 잘 보내기 위해 필요한 것들, 특히 '여유로운 시간'의 중요성을 알고 있는 사람이었다. 그래서 항암치료를 한창 받고 있던 1년 전부터 호스피스로 가길 원했다. 하지만 그가 임종이 임박한 순간까지 대학병원에서 시간을 보낸 이유는 가족이 원했기 때문이었다. 아내, 딸, 형제들의 바람을 물리치고 본인이 원하는 결정을 하기란 결코 쉬운 일이 아니었다. 그렇다고 가족이 환자의 자기결정권을 막았다고 쉽게 말하기는 어렵다. 그들은 잃고 싶지 않은 소중한 환자를 위해 진심으로 고민하고, 늘 곁을 지켜온 사람들이었다.

ㅁ교수의 소통 방식에도 주목할 필요가 있다. ㅁ교수는 ㅂ환자가 호스피스를 원한다는 사실을 알고 있었음에도 "보호자가

원하는 치료에 최선"을 다했다. 그는 "보호자를 무시할 수 없
는 이유는 환자가 컨디션이 떨어졌을 때, 그 상황을 책임지고
주도적으로 이끌어갈 사람이 보호자이기 때문"이라고 말했다.
요컨대 ㅁ교수는 환자의 자기결정권을 충분히 고려했다고 보
기 어렵다. 그가 환자의 목소리를 반영한 말기 의료결정을 보
호자와 함께 논의하고 계획했다면 어땠을까?

죽음의 타이밍

이처럼 말기 의료결정을 환자의 특성('중년 남성 문화')이나 보
호자의 의료 집착으로 설명하는 것은 적절하지 않다. 오히려
그 결정을 책임 있게 이끌어야 할 의료진의 입장 및 소통 방식
이야말로 가변적이고 불투명하다고 말할 수도 있다. 의료진은
과학적 지식으로 무장한 전문가인 동시에 환경(제도, 규범)에도
크게 영향을 받는 사람들이다. 물론 이를 의료진의 '문화'나 잘
못으로 일반화하는 것도 적절하지 않다. 상술했듯이, 왜 환자,
보호자, 의료진이 말기 의료결정 국면에서 특정한 방식으로
관계를 맺을 수밖에 없는지 그 '맥락'에 주목해야 한다.

환자들은 질병을 '개인의 잘못'으로 여기거나 가족의 생계
를 책임지지 못한다는 '죄책감'에 시달렸다. "평소 생활 습관

에 신경을 썼다면", "좀 더 일찍 진단을 받고 치료를 받았다면", "가진 돈이 넉넉했다면" 등의 말을 되뇌었다. 환자들의 이러한 죄책감은 한국 사회라고 불리는 삶의 터전이 그만큼 불안하다는 방증이다.

개인이 수많은 자원을 쏟아부어야 하는 투병과 간병도 문제지만, 반대로 환자의 몸 상태가 좋아져 퇴원을 해도 '온전한' 사회 활동을 할 수 있을지는 의문이다. 질병이 낙인이 되어 사회 활동에 차별적 요소가 될 수도 있기 때문이다. 예컨대 회사는 암 투병을 했던 사람을 편견 없이 채용할 수 있는가? 몸이 아플 때 걱정 없이 긴 병가를 낼 수 있는가? 그 후 '무사히' 직장에 복귀할 수 있는가? 입원으로 발생한 생계 문제와 보호자의 간병이 가족을 빈곤의 늪에 빠뜨리는 건 아닌가? 이러한 질문들에 우리는 어떤 대답을 갖고 있는가? 분명한 건 질병을 개인의 잘못으로만, 신체 기능의 이상으로만, 의학적 근거로만 바라봐서는 그 질문들에 대답하기 어렵다는 사실이다.

더욱이 보호자의 돌봄이 공론화되지 못하는 현실도 지적할 필요가 있다. 의료 현장에서 남성 환자의 침묵에 대해서는 모두 관심을 가진 반면에, 여성의 돌봄은 논의 주제도 되지 못했다. 남편, 아들, 부모까지 돌보면서 주변화되는 보호자의 일상은 침묵에 잠겼다. 보호자는 평소에 '집안일'을 도맡아 했고, 남편을 간병하면서는 전문가에 버금가는 의료 지식까지 갖추게 됐다. 그는 의료진과 환자의 눈치를 봐가며 가교 역할을 수행했다. 환자 치료에 전념하는 의료진에게 중요한 파트너였다. 의료진이 말기 의료결정 국면에서 그런 보호자를 두고 '가족주의'를 운운하는 것은 모순적이다. 환자와 의료진 모두 보호자(여성)에게 크게 의존하고 있는 현실을 직시해야 한다.

질병이 빈곤으로 연결되고 빈곤이 질병으로 이어지기 쉬운 사회에서 보호자의 돌봄은 환자가 죽음(생물학적이든 사회적이든)을 당하지 않도록 보호하는 역할을 한다. 개인의 돌봄이 사회 안전망 역할을 하고 있는 아찔한 현실에서 환자의 자기결정권에 대한 강조는 자칫 '환자에게서 손을 떼라'는 의미로 이해될 수 있다. 오히려 환자의 자기결정권은 타인의 돌봄을 딛고 섰을 때 비로소 행사되는 것이다. 환자의 자기결정권과 돌봄의 문제는 불가분의 관계에 있다. 환자의 목소리가 공적으로 울려 퍼지려면 '환자의 자율성'만 강조할 게 아니라 그의 일상을 떠받치는 '돌봄'을 정의롭고 평등한 방식으로 재배치해야 한다.

말기 의료결정은 선언적 가치, 의료 윤리, 소통 기술 등으로 '깔끔하게' 정리될 수 있는 일이 아니었다. 오히려 병원의 운영 체계, 한국의 의료 다양성, 의료진의 태도, 보호자의 돌봄, 가족 삶의 조건, 환자의 몸 상태 및 인식 등이 뒤얽혀 협상을 벌이는 '정치적 행위'에 가까웠다. 요컨대 말기 의료결정은 환자가 '어떻게' 죽음을 맞이할 것인가에 대한 응답이 아니라 환자가 '언제까지' 살 수 있는지에 대한 합의를 도출하는 일이었다. 환자, 보호자, 의료진은 저마다의 이유로 '죽음의 타이밍'을 고민했다. 죽음은 타이밍의 문제였다.

삶의 마무리를 고민하는 사람은 증가하고 있지만

이 글의 바탕이 된 현장 연구를 마치고 8년의 시간이 흘렀다. 죽음의 풍경은 얼마나 달라졌을까? 가장 눈에 띄는 것은 2016년에 제정된 '연명의료결정법'이다. 이 법을 근거로 2018년 연명의료결정제도가 시행됐다. 국가생명윤리정책원에 따르면 2022년 12월 기준, '사전연명의료의향서' 등록자 수는 약 153만 명이고, '연명의료계획서' 등록자 수는 약 10만 명이다. 병원에서 죽는 것이 어떤 의미인지, 연명의료가 내 생의 끝자락에 어떤 영향을 미치는지, 즉 내 뜻이 반영된 삶의 마무리를 고민하는 사람이 증가하고 있다. 사전연명의료의향서는 19세 이상의 시민이 평소 건강할 때 자신의 임종 과정을 미리 생각해보고, 호스피스 및 연명의료에 관한 의향을 '본인이 직접' 기록하는 문서다. 반면, 연명의료계획서는 말기 및 임종기에 접어든 환자의 뜻을 확인한 '담당 의사'가 작성하는 서류다. 오늘날 말기 환자는 웬만한 대형 병원에서 호스피스 및 연명의료에 관한 자문을 받을 수 있다. 그 서비스에는 가족 상담, 경제적 지원, 임종 준비 교육, 정서적 지지, 호스피스 연계 등이 포함된다. 이 글에서 다룬 말기 의료결정을 이제 '호스피스 및 연명의료결정'이라고 부를 수도 있겠다.

하지만 본질적인 변화가 있었는지는 의문이다. 의료 현장에서는 그때나 지금이나 환자의 자기결정권을 강조하고 있다. 환자의 자기결정권이란 무엇인가? 환자는 연명의료결정에 관한 '문서'를 통해서 '존엄한 죽음'을 맞이할 수 있는가? 오히려 그런 서류가 말기 고지와 환자, 보호자, 의료진의 소통을 '형식적으로' 대체하고 있는 것은 아닌가? 앞서 살펴봤듯이, 생애 말기에 관한 의료결정에서 환자의 자기결정권은 필요조건이지 충분조건은 아니다. 말기 의료결정은 얇고 협소한 사회보장, 개인(특히 여성)이 떠맡는 돌봄, 치료를 중심으로 운영되는 의료 현장, 생명을 살리기 위해 최선을 다해야 한다는 의료진의 규범 및 분절된 소통 구조, 한국의 기이한 의료체계 등과 밀접한 관련이 있다. 말기 의료결정이 '존엄한 죽음'을 위한 과정이 아니라 여전히 '죽음의 타이밍'을 위한 난감한 일은 아닌지 질문하게 된다.

7

안락사

왜 어떤 사람들은 스스로
죽음을 앞당기고 싶어할까

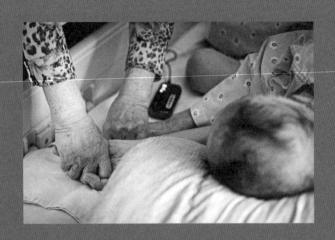

이금래 할머니는 "다 떨어진 옷을 억지로 기워 입듯이
매일 자신의 몸을 약으로 기워나가고" 있다고 표현한다.

"오늘 모이라고 한 건, 미리 마음의 준비를 해두라고, 그 얘기를 해야겠다 싶어서야. 난 못해도 앞으로 오 년 안에, 나머지 싹 정리하고 개운하게 갈 거야. 마음 딱 먹었으니까, 그렇게들 알고 있어."[1] 2018년 은모든의 소설 《안락》에서 이금래 할머니는 안락사 계획을 가족에게 통보한다. 갑작스러운 이야기에 집안 식구들은 갈팡질팡 어쩔 줄 모른다. 작품의 화자인 20대 지혜는 '정리'라는 말을 한번에 알아듣지 못한다. 처음에는 상속 문제를 정리하겠다는 의미로 이해했다가, 나중에야 할머니 스스로 생을 마감하겠다는 뜻임을 알아차린다. 반면 간호사인 언니는 할머니의 의중을 이미 알고 있었다는 듯 침착한 표정을 짓는다. 엄마는 말도 안 되는 일이라며 할머니의 발표를 부정한다. 그 와중에 아빠는 안락사 법안의 통과 가능성을 거론한다. 큰 이모는 깊은 상념에 잠기는 한편, 작은 이모는 할머니의 결정을 적극 지지한다. 작품 속에서 안락사 법안은 사회적으로 논란을 불러일으키고("존엄을 지키며 죽음을 맞이할 수 있도록 하는 법적 장치"와 "고려장이 부활하면 대한민국이 무너진다"와 같은 말의 대립) 결국 국민투표를 거쳐서 제정된다.[2] 이 법에 따르면, 임종 과정에 돌입한 환자가 아니더라도 누구나 "육체적·정신적으로 지속적인 고통에서 벗어날 가망이 없는 상태, 삼 개월 이상의 숙려 기간, 자의에 의한 선택 등"을 고려해서 안락사를 할 수 있다.[3] 여기서 안락사란 의사가 처방한 약을 환자가 복용하여 사망에 이르는 '의사조력자살(physician-assisted suicide)'을 말한다. 즉 의사가 환자의 '죽음을 앞당기는' 행위다.

이금래 할머니는 말기 환자도 아닌데 왜 안락사를 원했을까? 그는 19세에 가정을 이룬 뒤 시집살이를 하고, 밥집을 운영하며, 세 자매를 키웠다. 80세를 넘기고서야 식당을 둘째 딸에게 물려주고 일에서 물러났다. 평생 바쁘게 살았던 그는 남편과 사별하고 얼마 지나지 않아 안락사 계획을 가족에게 발표했다. 할아버지는 아침 산책길에 뇌졸중으로 쓰러져 몇 달간 고생했다. 건강이 조금씩 회복되나 싶었는데 어느 날 욕실에서 넘어진 후로 깨어나지 못했다. 갑자기 들이닥친 생애 말기와 죽음이었다. 더구나 할머니에게는 요양원에서 9년 가까이 지내고 있는 90대 언니가 있다. "십 대 시절에 먼 친척 집까지 가서 식모살이를 해야 했다"는 이모할머니는 시설에서 "깨어 있는 것 같기도 했고 잠든 것 같기도"한 모습으로 종일 누워 있다.[4] 할머니가 보기에, 남편은 급작스레 죽었고 언니는 느리게 죽어가고 있다. 한편 이금래 할머니는 당뇨와 파킨슨병을 앓고 있고, 이를 "다 떨어진 옷을 억지로 기워 입듯이 매일 자신의 몸을 약으로 기워나가고" 있다고 표현한다.[5] 소설은 할머니가 집에서 가족들과 작별 인사를 한 뒤 '안락한 죽음'을 맞이하는 장면으로 끝난다. 할머니에게 안락사란 무엇이었을까? 존엄을 지키기 위한 최선의 선택, 삶과 죽음에 대한 자기결정권, 너무 빠르지도 또 너무 느리지도 않은 죽음이었을까?

안락사는 더 이상 해외 토픽이나 픽션에 한정된 문제가 아니다. 2022년 6월, 국회의원 안규백(더불어민주당)은 '조력존엄사법'을 발의했다. "말기 환자로서 수용하기 어려운 고통을 겪는 환자들의 경우에는 본인이 희망하는 경우 담당 의사의 조력을 받아 자신이 스스로 삶을 종결할 수 있도록 하는 조력존엄사를 도입함으로써 삶에 대한 자기결정권을 증진"하자는 취지다.[6] 법안이 내건 조력존엄사는 의사의 조력을 받아 자신이 스스로 삶을 종결하는 의사조력자살을 의미한다. 한국리서치가 2022년 7월에 실시한 여론조사에 따르면, 국민의 82퍼센트가 조력존엄사 입법화에 찬성했다. 그 이유로는 환자의 권리 보장(48퍼센트), 환자와 가족의 고통 경감(33퍼센트) 등을 들었다.[7] 조력존엄사, 즉 안락사는 권리 및 고통과 밀접한 관련이 있는 것처럼 보인다. 법안만 통과되면 '존엄한 죽음'을 맞이할 수 있을 것 같다.

그런데 안락사를 생각하면 할수록 죽음이 수수께끼로 다가온다. 안락사라는 말부터 형용모순이다. 몸과 마음이 즐겁고 편안한 상태(安樂)와 두렵고 불편한 죽음(死)이 결합된 단어다. 대립적인 관계로 보이는 안락과 죽음은 찰싹 붙어서 다양한 효과를 낸다. 연명의료를 중단하고 자기결정권을 지키는 방법으로 각광을 받는 한편, 생명의 가치를 경시하고 의료 포기를 조장하는 일이라며 비판도 받는다.

안락사에 관한 논의는 대개 존엄, 고통, 생명, 말기, 임종기, 연명의료, 자기결정권 같은 용어로 점철되어 있다. 모두 상식처럼 이야기되지만, 하나하나가 난해한 개념이다. 더욱이 그러한 말들은 의료계 안팎에서 다의적으로 사용되어 혼란을 야기한다. 예컨대 상기 법안은 왜 의사조력자살(안락사)을 조력존엄사로 명시했을까? 조력존엄사는 안규백 의원이 만든 말이다. 국회 토론회에서 그는 "자살을 금기시하는 동아시아 문화를 고려, 고민 끝에 자살이 아니라 한국적인 정서에 맞춰 존엄사라는 단어를 사용했다"라고 설명했다.[8] 문제는 존엄사가 '회생 가능성이 없는 환자를 대상으로, 그 의사를 존중해 연명의료를 중단하거나 유보하여 죽음을 맞음'이라는 의미로 이미 사용되고 있다는 것이다.[9] 그러고 보면 존엄사는 연명의료결정법(2018년 시행)에 근거하여 이미 허용되고 있는 셈이다. 한편, 학계에서 특수하게 사용하는 용어를 대중이 그대로 따를 필요는 없다는 의견도 있다. 안도현 교수(제주대 언론홍보학)는 "존엄사의 개념을 오직 '연명의료를 중단하여 맞이하는 죽음'으로만 한정하기에는 '존엄'의 일반적인 용법과 괴리가 너무 크다"라고 지적한다.[10]

이처럼 안락사는 혼란스러운 개념이다. 그 안에 법, 정책, 학술, 문화, 윤리, 의료 등 온갖 영역들이 뒤엉켜 있다. 도대체 안락사란 무엇인가? 안락사라는 수수께끼는 하늘에서 떨어진 것이 아니다. '특정한 범위와 맥락'을 전제로 성립하는 문제다. 국내의 안락사 논의는 다음 '세 사건', 1997년 보라매병원 사건, 2008년 김 할머니 사건, 그리고 2018년 연명의료결정법 시행에 바탕을 두고 있다. 오늘날 안락사에 대한 논의를 이해하기 위해서는 세 사건의 사회적("사회적으로 문제를 일으키거나 주목을 받을 만한 뜻밖의 일"), 법률적("수사, 기소, 재판 등 사법 작용의 대상이 되는 일"), 사후적("어떤 실험이나 시행에서 일어날 수 있는 결과") 성격이 죽음의 양태를 어떻게 변화시켰는지 추적할 필요가 있다.[11]

지금 퇴원하면 사망할 수도 있습니다

　법원이 인정한, 보라매병원 사건에 대한 사실관계를 간추리
면 이렇다.[12] 1997년 12월 4일, 술에 취한 50대 남성이 집에서
머리를 다쳐 서울 동작구에 위치한 보라매병원으로 응급 이송
되어 뇌수술(경막외출혈 후 혈종 제거)을 받았다. 의료진은 그를 중
환자실로 옮겨서 수술 후 합병증에 대한 치료를 이어갔다. 호
흡에 어려움을 겪는 환자에게 인공호흡기도 부착했다. 뒤늦게
병원에 도착한 환자의 부인에게는 그의 상태가 호전될 것으로
예상한다고 말했다.

　그런데 보호자는 치료비(약 260만 원)가 부담된다며 환자의
퇴원을 요구했다. 의료진은 환자가 지금 퇴원하면 사망할 수
있다고 설명했고, 경제적 어려움 때문이라면 환자 상태가 안
정되기를 일주일 정도 기다렸다가 차라리 도망가라고 했다.
그럼에도 보호자는 환자의 퇴원을 고집했다. 치료비도 문제지
만 평소에 가족을 괴롭힌 그가 죽는 게 낫다고 판단했던 것이
다. 환자는 사업에 실패한 뒤 17년 동안 경제활동을 하지 않았
으며, 평소에 술을 마시고 가정 폭력을 일삼았다.

　퇴원을 만류하던 의료진도 계속되는 보호자의 요구에 부담
을 느꼈다. 보호자가 없으면 향후 환자 치료에 대한 책임 및 추
가 치료비 문제를 떠안을 수 있었다. 의료진은 결국 보호자에

게 "퇴원 후 환자(피해자)의 사망에 대해 법적인 이의를 제기하지 않겠다는 귀가서약서"를 받고, 환자의 퇴원을 결정했다.

1997년 12월 6일, 의료진 중 한 명이 보호자와 함께 환자를 주거지로 후송했다. 의사는 보호자에게 환자가 사망할 수 있음을 고지한 뒤 인공호흡보조장치를 제거했다. 5분 정도 지나 환자는 뇌간 압박에 의한 호흡 곤란으로 사망했다.

한 신문 보도에 따르면, 그 후 보호자는 누군가에게 "가난한 변사자는 경찰서에서 일정액을 장례비로 보태주더라"라는 말을 듣고 서울남부경찰서에 남편의 사망을 신고했다.[13] 이는 병사(病死)를 변사(變死)로 전환하는 일이었다. 경찰은 "유족이 장례식도 제대로 치르지 않고 서둘러 시신을 화장터에 보낸 점이 수상하다"고 판단했고, 의사에게 환자를 "퇴원시키면 죽을 줄 알았느냐, 몰랐느냐"라고 묻는 등 내막을 조사했다.

바통을 이어받은 검찰은 보호자와 의료진이 환자가 "죽을 줄 알면서도 퇴원"시켰다고 보고 이들을 살인죄로 기소했다. 그렇게 시작된 법적 공방은 2004년에야 마무리됐다. 대법원은 보호자를 살인죄의 정범으로, 담당 의사와 전공의를 살인방조범으로 판단했다. 그러고는 보호자에게 징역 3년(집행유예 4년), 의료진에게 징역 1년 6개월(집행유예 2년)을 선고했다.

의료 현장의 분위기는 살풍경 그 자체였다. 사건의 세부 내용이나 그에 대한 의학적, 법학적 쟁점을 떠나서, 판결은 의사

들에게 "나도 하루아침에 '살인자'로 전락할 수 있다"는 인식
을 심어주었다.

살인방조범으로 몰린 의료진

보라매병원 사건을 세 각도로 조명해볼 수 있다. 먼저, 사건
이 발생한 1997년 전후만 해도 퇴원은 환자, 보호자, 의료진이
서로 상의해서 '유연하게 결정'할 수 있는 일이었다. 퇴원이 까
다롭지 않았다. 그 이유 중 하나는 당시 대다수 한국인이 집에
서 임종을 맞았기 때문이다. 1991년 재택사 비율은 약 75퍼센
트, 병원사 비율은 15퍼센트에 불과했다. 1999년에도 재택사
비율은 약 60퍼센트, 병원사 비율은 30퍼센트 정도에 그쳤다.
사람들은 집 밖에서 사망하는 것을 객사(客死)로 여기는 경향
이 있었기에, 병원에서 치료를 받던 환자도 임종이 다가오면
퇴원했다.[14]

한편, 의료와 돌봄을 개인이 감당했던 사회적 맥락이 있다.
2000년 이전에는 국민건강보험이 없었다. 의료보험의 형태
와 내용은 직장 및 지역에 따라 제각각 달랐으며, 의료보험 혜
택을 제대로 받지 못하는 이들에게 병원비는 큰 부담이었다.[15]
시민들이 '쉽게' 병원을 이용할 수 있는 시대가 아니었다. 환자

돌봄도 개인이 능력껏 해결했다. 보호자의 '목소리'가 커졌고, 의료진은 보호자의 '사정과 눈치'를 볼 수밖에 없었다. 환자의 자기결정권이 약해서도 아니고, 한국의 가족주의 문화 때문도 아니다. 보호자 없이 환자를 치료하고 돌볼 수 있는 제도적 뒷받침이 없었기 때문이다. 보라매병원 사건은 사회안전망의 문제가 의료결정에 영향을 미칠 수 있음을 보여줬다.

마지막으로, 의료진의 '자리'에 주목할 필요가 있다. 그때나 지금이나 보라매병원은 서울시 공공의료기관이다. 이른바 취약계층 환자가 많은 곳이다. 즉 의료진이 치료 계획에 환자 가족 및 지인 관계, 복지 등을 고려할 수밖에 없는 환경이다. 사건 당시 의사들은 환자 치료뿐만 아니라 보호자의 상황도 검토했다. 오죽하면 보호자에게 병원비를 내지 않고 도망칠 수 있는 방법까지 알려주면서 환자의 경과를 더 지켜보자고 말했을까. 그들이 의료인으로서 책임과 의무를 방기했다고 보기는 어렵다. 오히려 너무 많은 책임과 의무를 떠안은 형국이다. 보라매병원 사건을 계기로 정부와 국회는 의료인의 역할과 업무에 대한 공적인 가치를 확인하고, 이를 기존의 의료 및 복지체계를 재정비하는 기회로 삼아야 했다. 하지만 아이러니하게도 '국가'는 의료진을 살인방조범으로 처벌했다. 경찰, 검찰, 법원이 단죄했어야 할 대상은 의료진을 벼랑 끝으로 이끈 정부와 국회가 아니었을까? 보라매병원 사건은 국가가 의료진을 감시와 처벌의 대상으로 본다는 인식을 퍼트렸고, 의료진이 (환자의 퇴원을 '끝까지' 유보하는) 방어 진료를 하는 계기가 됐다. 앞으로 살펴보겠지만, 국가와 의료진 간의 불신은 의료진과 환자·보호자 간의 갈등으로 번졌다.

자기결정권과 생명 보호 의무 사이에서

2008년 2월 16일, 한 70대 여성(김씨)이 폐암 여부를 확인하기 위해서 세브란스병원에 입원했다. 며칠 후 기관지 내시경을 통한 폐종양 조직 검사를 받던 중 과다출혈 등으로 인해 심정지가 발생했다. 그는 저산소성 뇌손상을 입고 '지속적 식물인간 상태(Persistent Vegetative State)'에 빠졌고, 이후 인공호흡기 부착을 비롯해 중환자실 치료를 받게 되었다. 그러자 환자의 자녀들은 병원 측에 치료를 중단해주기를 여러 차례 요청했다. 그 치료가 환자의 건강을 증진하지 않고 단순히 생명징후(맥박·호흡·체온·혈압 상태)만을 연장한다는 것이 이유였다. 대법원 판결문에 따르면, 평소 김 할머니는 텔레비전에 와상 환자가 등장하면 "나는 저렇게까지 남에게 누를 끼치며 살고 싶지 않고 깨끗이 이승을 떠나고 싶다"라고 말한 분이었다. 또 3년 전에는 남편이 무의미한 연명치료를 받지 않고 임종할 수 있도록 기관절개술을 거부했고, 자녀들에게 "내가 병원에서 안 좋은 일이 생겨 소생하기 힘들 때 호흡기는 끼우지 말라. 기계에 의하여 연명하는 것은 바라지 않는다"라고 말했다.[16]

하지만 세브란스병원은 보호자의 요청을 거부했다. 의료진은 환자의 의사를 직접 확인할 수 없을뿐더러, 환자가 사망에 임박한 상태가 아닌데도(기대여명이 4개월 이상이라고 주장) 치료를 중단하는 것은 생명 보호 의무를 방기하는 일이자 범죄행위라고 판단했다. 물론 보라매병원 사건이 세브란스병원 의료진의 입장에 영향을 미쳤다. 자칫 잘못하면 이번에도 의사들이 살인방조죄로 처벌받을 수 있었기 때문이다. 결국 환자의 자녀들은 (특별대리인 자격으로) 병원 측을 상대로 연명치료를 중단해달라는 소송을 제기했다.[17] 그렇게 보호자와 병원 간의 법적 다툼이 시작됐다.

김 할머니, 보호자, 의료진, 재판부가 만나는 이 '지점과 맥락'에 주목할 필요가 있다. 여기서부터 죽음, 생명, 권리, 존엄 등의 단어들이 범람한다. 특히 죽음이 권리의 문제가 된다. 보호자는 환자의 '자기결정권'을 핵심 근거 삼아 연명치료의 중단을 촉구한 반면, 의료진은 환자에 대한 '생명 보호 의무'를 핵심 근거 삼아 치료의 필요성을 역설했다. 한편 대법원은 판결문에서 생명권과 자기결정권 모두 중요한 가치라고 밝혔다.

환자의 신체 침해를 수반하는 구체적인 진료행위가 환자의 동의를 받아 제공될 수 있는 것과 마찬가지로, 그 진료행위를 계속할 것인지 여부에 관한 환자의 결정권 역시 존중되어야 하며, 환자가 그 진료행위의 중단을 요구할 경우에 원칙적으로 의료인은 이를 받아들이고 다른 적절한 진료 방법이 있는지를 강구하여야 할 것이다. 그러나 인간의 생명은 고귀하고 생명권은 헌법에 규정된 모든 기본권의 전제로서 기능하는 기본권 중의 기본권이라 할 것이므로, 환자의 생명과 직결되는 진료행위를 중단할 것인지 여부는 극히 제한적으로 신중하게 판단하여야 한다.

대법원은 그 난제(자기결정권과 생명권의 대립)를 어떻게 해결했을까? 재판부는 생명과 직결되는 진료행위를 중단할 수 있는 요건을 제시했다. "회복 불가능한 사망 단계에 진입한 환자"의 경우에는 치료의 중단이 가능하다고 봤다. 그 과정을 "의학적으로 환자가 의식의 회복 가능성이 없고 생명과 관련된 중요한 생체 기능의 상실을 회복할 수 없으며 환자의 신체 상태에 비추어 짧은 시간 내에 사망에 이를 수 있음이 명백한 경우"라고 정의했다. 이런 틀에서 보면 김 할머니는 의식불명의 식물인간 상태에 있고, 회복 가능성이 없는데도 의료 기기에 의존하여 임종기를 인위적으로 연장하고 있는 환자다. 연명치료가 없었다면 자연적으로 임종했을 사람이다. 재판부는 이 의학적 판단을 전제로 환자의 자기결정권을 인정했다.

이미 의식의 회복 가능성을 상실하여 더 이상 인격체로서의 활동을 기대할 수 없고 자연적으로는 이미 죽음의 과정이 시작되었다고 볼 수 있는 회복 불가능한 사망의 단계에 이른 후에는, 의학적으로 무의미한 신체 침해행위에 해당하는 연명치료를 환자에게 강요하는 것이 오히려 인간의 존엄과 가치를 해하게 되므로, 이와 같은 예외적인 상황에서 죽음을 맞이하려는 환자의 의사결정을 존중하여 환자의 인간으로서의 존엄과 가치 및 행복추구권을 보호하는 것이 사회 상규에 부합되고 헌법 정신에도 어긋나지 아니한다.

의료결정을 법원 판단에 의존해야만 할까

김 할머니 사건은 두 가지 시사점을 준다. 먼저, 의학적 결정의 불확실성에 주목할 필요가 있다. 2009년 5월 21일, 대법원은 환자에 대한 연명치료를 중단할 수 있다고 판결했다. 이에 따라 병원은 환자의 인공호흡기를 제거했다. 하지만 대법원의 판단과 달리, 김 할머니는 '회복 불가능한 사망 단계에 진입한 환자'가 아니었다. 그는 인공호흡기를 제거한 뒤에도 스스로 호흡을 하며 6개월 이상 살다가 2010년 1월 10일 세브란스 병원에서 사망했다. '인공 수분·영양 공급'은 중단되지 않았기 때문이다. 해당 사건에서 연명치료는 인공호흡기와 같은 장치나 약물 투입을 의미했다. 한 신문 보도에 따르면, "김 할머니가 2008년 2월 입원해 사망 시점까지 총 진료비는 8643만 원이었는데, 이 중 인공호흡기를 떼고 실제 사망한 날까지 든 치료비는 6669만 원이었다."[18]

여기서 주목할 점은 누가 맞고 누가 틀렸다는 평가가 아니라 '회복 불가능한 사망의 단계에 진입한 환자'를 규정하는 게 말처럼 쉽지 않다는 사실이다. 사실 김 할머니 사건의 쟁점 중 하나는 환자의 예후를 측정하는 것이었다. 환자의 회생은 불가능하지만(이미 식물인간이라는 진단에 회생 불가능성이 포함되어 있다) 그 여명이 짧을 것으로 생각하는가 아닌가에 대한 의학적 판단, 즉 '예후 측정'에 대한 어려움이 쟁점이 되었다. 혈액종양내과 전문의 허대석의 분석처럼, 연명의료 기술의 발달은 삶도 아니고 죽음도 아닌 것처럼 보이는 '회색지대'를 만들었고, 예후 파악은 과거와 비교할 수 없을 정도로 복잡해졌다.[19] 말기와 임종기에 대한 의학적 구분이 명확하지 않을뿐더러, 의식의 회복 불가능성(지속적 식물인간 상태)이 곧 임종이 임박한 임종기임을 뜻하지도 않는다.

대법원 판결문에 따르면, 김 할머니에 대한 의학적 판단은 의사들 사이에서도 엇갈렸다. 담당 주치의는 환자가 "자발호흡은 없지만 뇌사 상태는 아니며 지속적 식물인간 상태로서 의식을 회복할 가능성은 매우 낮아 5퍼센트 미만"이라고 봤다. 앞서 보았으나 세브란스병원 의료진은 환자의 기대여명을 4개월 이상이라고 판단했다. 반면 법원의 요청을 받고 진료기록을 감정한 의사는 환자가 "자발호흡이 없어 일반적인 식물인간 상태보다 더 심각하여 뇌사 상태에 가깝고 회복 가능성은 거의 없다"고 밝혔다. 신체 감정 의사들도 환자의 회생 가능성이 희박하다고 생각했다. 하지만 환자의 주치의와 달리 세브란스병원 외부 의료진은 환자의 임종이 임박했다고 봤다. 요약하면, 김 할머니가 식물인간으로 진단된 이상, 환자의 회생 가능성이 극히 떨어지는 것에 대해서는 병원 내·외부 의료진 모두 동의하나, 환자의 예후(혹은 여명)에 대한 판단은 달랐다. 대법원은 병원 외부 의료진의 의견을 '선택'함으로써 의학적 불확실성을 '정리'했다.

한편, 이 사건에서 환자의 자기결정권은 애매모호한 개념으로 사용됐다. 세간의 평가처럼 대법원이 치료에 대한 김 할머니의 자기결정권을 존중했다고 볼 수도 있다. 이때 사건의 얼개는 크게 세 부분으로 구성된다. 보호자가 환자의 권리를 주장하고, 병원은 그 권리를 인정하지 않고, 법원은 그 권리를 존중한다.

하지만 상술했듯이 재판부는 환자의 자기결정권을 의학적 판단보다 우선시하지 않았다. 오히려 의학적 판단을 전제로 환자의 자기결정권을 거론했다. 환자가 회복 불가능하고 곧 사망에 이를 임종기에 진입했다면, '죽음을 인위적으로 앞당기는 안락사'가 아니라 '자연스러운 죽음을 방해하는 연명치료의 중단'을 할 수 있다고 판단했다. 환자의 자기결정권은 후자를 위해서 존중되어야 하고, 따라서 환자는 존엄한 죽음을 맞이할 수 있다고 봤다. 이는 심오한 법리가 아니라 너무나 상식적인 이야기다. 법학자 최경섭이 지적했듯이 "자연사의 관점에서 죽음의 시기를 인위적으로 연장하지 않아야 하는 문제는 어떤 측면에서는 당연한 의학적 결정이며 사실상 자기결정권에 근거하여 정당화할 필요조차 없는 사안"이기 때문이다.[20] 즉 '명백히' 사망 단계에 진입한 환자의 수명을 억지로 늘리는 의료행위에 동의할 사람이 얼마나 있을까? 그러고 보면 이 판결은 자기결정권, 생명권, 존엄성, 안락사, 그 어떤 것과도 상관이 없는 셈이다.

김 할머니 사건은 죽음과 권리의 관계를 다시 생각하게 한다. 왜 의료결정은 당사자(환자, 보호자, 의료진) 간의 '권리 대결'이 되어야만 했을까? 의료결정을 법원 판결에 의존해야만 했을까? 법원에 가기 전에, 병원 내·외부 전문가들로 구성된 임상윤리위원회가 환자에 대한 의학적 판단을 하면 어땠을까? 병원 측이 그 논의 과정에 보호자의 자리를 마련했으면 어땠을까? 무엇보다 중요한 것은 당사자가 복잡한 의료결정을 '안심하고' 내릴 수 있는 환경이다. 국가는 의료진의 전문성, 자율성, 판단을 신뢰하고 보장하는가? 의료진과 보호자가 안정적으로 의료결정 과정에 참여할 수 있는 제도적 뒷받침(병원비, 간병, 심리 지원 등)이 있는가? 요컨대 김 할머니 사건은 환자가 '잘 죽기' 위해서는 '권리'가 아니라 당사자 간의 신뢰, 전문가 간의 협력, 제도 마련이 얼마나 중요한가를 보여줬다.

연명의료결정법

이처럼 보라매병원 사건과 김 할머니 사건의 내용은 다르지만 그 기저에는 공통의 문제들이 깔려 있다. 두 사건 이후 국가는 그 과제들을 검토하고 해결 방안을 다각적으로 모색하는 노력을 기울였을까? 그렇다고 답하기 어렵다. 그와 비슷하거나 더 심각해 보이는 사건들이 속출했다. 보호자가 대학병원 중환자실에 있던 환자의 인공호흡기 튜브를 칼로 잘라 숨지게 했다는 소식이 있었고, 남편이 요양병원에 있던 아내를 몰래 퇴원시킨 뒤 목을 졸라 숨지게 한 일도 있었다. 연명의료 기술의 발전은 의학적 불확실성뿐만 아니라 간병 기간 또한 늘렸다. 환자의 건강은 '충분히' 증진되지 않는 한편, 보호자의 간병 부담은 '무한히' 커지는 상황이 발생했다. 장기간 간병에 따른 낙담과 경제적 어려움은 이른바 '간병 살인'으로 이어졌다.[21]

2008년 노인장기요양보험의 시행으로 요양병원과 요양원이 우후죽순 생겨나면서 문제는 더 복잡해졌다. 국가가 통제하는 낮은 의료 수가(의료기관이 환자를 치료하고 받는 진료비)와 부실한 의료전달체계는 환자들을 대형 병원으로 유인했고, 상기 두 사건으로 인한 의료진의 방어 진료는 회생 가능성이 없는 말기 환자를 중환자실로 옮기는 결과를 초래했다. 중환자실에서 연명의료를 받지 않는 이들은 평소 요양원이나 요양병원에 있다가 임종이 임박하면 대형 병원 응급실로 갔다. 정부는 진단과 치료에는 큰 관심을 가졌지만, 간병과 호스피스, 완화의료에 대해서는 시큰둥했다. 생애 말기와 돌봄은 '끔찍한 일'이 됐고, "주변에 폐를 끼치지 않고 깔끔하게 죽고 싶다"는 말은 '죽음의 윤리'가 됐다.

그야말로 아수라장이 된 상황을 수습하기 위해 고안된 제도가 연명의료결정법이다. 2009년 한국보건의료연구원은 '무의미한 연명치료 중단을 위한 사회적 합의안'을 제시했다.[22] 그리고 그 의료결정을 위한 법적 근거 마련, 호스피스·완화의료 제도화, 사회보장제도의 강화를 주문했다. 2013년 국가생명윤리위원회는 입법을 권고했고, 여러 국회의원들이 법안을 발의했다. 2016년 '호스피스·완화의료 및 임종 과정에 있는 환자의 연명의료결정에 관한 법률(연명의료결정법)'이 제정됐다. 2017년 호스피스·완화의료는 국민건강보험의 혜택을 받을 수 있는 서비스가 됐고, 이듬해 2월 법이 시행됐다.[23]

법의 내용은 세 가지로 요약할 수 있다. 먼저, 사전연명의료 의향서와 연명의료계획서를 통해 말기 및 임종 과정에 있는 환자의 자기결정권을 보장하는 것이다. 다음으로, 말기 및 임종 과정에 진입한 환자는 법이 명시한 연명의료를 중단하거나 보류할 수 있다. 여기서 연명의료란 "심폐소생술, 혈액 투석, 항암제 투여, 인공호흡기 착용 및 그 밖에 대통령령으로 정하는 의학적 시술"을 가리킨다. 끝으로, 환자는 연명의료 대신 호스피스·완화의료를 받으며 임종하게 된다. 법에 따라 암·후천성면역결핍증·만성 폐쇄성호흡기질환·만성 간경화 환자는 호스피스·완화의료를 받을 수 있다.

연명의료결정법 시행으로 죽음의 풍경은 달라졌을까? 시민들은 연명의료에 대해서 생각해보고, 의료진은 환자의 자기결정권을 고려하는 분위기가 조성됐다. 하지만 찻잔 안의 태풍이었다. 앞서 살펴봤듯이, 연명의료를 놓고 벌어진 우여곡절은 의향서나 계획서 같은 '문서'가 없어서 발생한 것이 아니었기 때문이다. 정부와 의료진 간의 불신, 의료진과 환자·보호자

간의 갈등, 얄팍한 사회보장제도는 변함이 없다. 노인 자살, 간병 살인, 고독사 소식도 끊이지 않고 있다.

더욱이 정부는 호스피스·완화의료에 별 관심이 없다. 연명의료결정법 제5조 2항은 "국가와 지방자치단체는 환자의 최선의 이익을 보장하기 위하여 호스피스 이용의 기반 조성에 필요한 시책을 우선적으로 마련하여야 한다"라고 정부의 책무를 명시하고 있다. 하지만 말기 환자가 이용할 호스피스가 턱없이 부족한 게 엄연한 현실이다. 호스피스는 말기암 환자를 중심으로 운영되고 있다. 호스피스 입원은 말기암 환자만 가능하다. 법에 명시된 만성 폐쇄성폐질환·만성 간경화·후천성면역결핍증·만성 호흡부전 환자는 자문형·가정형 호스피스만 이용할 수 있다. 2021년 호스피스 대상 질환 사망자 대비 호스피스 이용률은 21.5퍼센트에 그쳤다.[24] 요양원이나 요양병원에 있는 노인 환자를 위한 호스피스 서비스는 시작도 못 하고 있다. 연명의료결정법은 말기 파킨슨 및 치매 환자, 식물인간에 대해서 침묵한다.

법적, 윤리적 담론을 넘어서

안락사에 대한 찬반을 떠나서, 2022년 6월 안규백 의원이 발의한 '조력존엄사법'은 오늘날 논의되는 안락사가 무엇인지를 생각해보게 한다. 법안의 정식 명칭은 '호스피스·완화의료 및 임종 과정에 있는 환자의 연명의료결정에 관한 법률 일부개정법률안'이다. 즉 연명의료결정법을 개정한 것이다. 조력존엄사법의 등장은 현행 연명의료결정법이 시민들에게 별 도움이 되지 않는다는 방증이다.

안규백 의원은 한 유튜브 방송에서 법안 발의를 결심하게 된 사연을 공개했다.[25] 돌아가신 어머니에 대한 이야기였다. 내용은 대략 이렇다. 모친은 임종하기 전 8개월가량 요양병원에서 지냈다. 당시 환자와 가족 모두 '극심한 고통'을 받았다. 환자는 치료의 중단을 원했고, 가족도 애끓는 심정으로 환자의 의견에 동의했다. 그러나 의사는 안 된다고 했다. 환자가 현행 연명의료결정법의 대상이 아니었기 때문이다.

> 자식이 부모를 보면 힐링이 돼야 되고, 또 부모가 자식을 보면 에너지를 받아야 하는데…… 그 요양병원에서 무념의 상태, 자식이 와도 누구인지 모르고, 손자도 못 알아보고…… 이것은 당신을 위해서나 가족을 위해서나, 이것은 뭔가 다른, 삶의 새로운 방향타가 있어야겠다는 생각을 해서…… 이 법안을 내게 된 착상이라고 할 수 있겠습니다.

안규백 의원의 말은 공감을 불러일으킨다. 말기 돌봄의 경험이 얼마나 고통스러웠으면 조력존엄사법을 발의했을까. 하지만 여기서 주목할 것은 안락사의 '효과'가 아니라 오늘날 안락사가 논의되는 '방식'이다. 안락사가 전제하는 고통은 왜 개인적 수준(통증, 장애, 질병, 간병, 부모, 자식 등)에서만 논의되는가? 개인의 고통에 영향을 미치는 사회적 맥락은 어디로 증발했는가? 안락사에 관한 기존 논의는 환자, 보호자, 의료진의 관계와 정부의 책무를 제거하고 그 자리를 법적, 윤리적 담론(혹은 다툼)으로 대체하고 있는 것은 아닌가? 안락사에 대한 열망, 바꿔 말해 죽음이 존엄, 권리, 고통의 문제가 된 현상은 의미심장하다. 그 열망은 불평등하고 취약한 삶의 조건 속에서 형성된 것이기 때문이다. 작금의 안락사 논의는 의료결정에서 정치에 대한 물음으로 확장되어야 한다. 그래야 우리 모두 '안락하게' 죽을 수 있다.

2부

보편적이고 존엄한 죽음을
상상하다

8

제사

죽은 이를 기억하는 방법이
이것밖에 없을까

제사가 전통과 관습의 이름으로 일상을 흔들지 않고,
일상의 평화에 도움이 되는 의례가 될 수는 없을까?

머릿속이 복잡할 때는 서울 종로구에 있는 종묘(宗廟)를 찾는다. 어느 날 그곳에서 한 사진가와 우연히 마주쳤다. '촬영'이라 적힌 완장을 찬 그는 카메라 삼각대 옆에 서서 조선시대 왕과 왕비의 신주가 있는 정전(正殿)을 노려보고 있었다. 그의 행색에 호기심이 생겨 말을 걸었다. 그는 문화재청의 의뢰로 사진을 찍는다고 했다. 그가 찬 완장은 '공무 수행 중'이라는 표시였다. 그럼 사진을 찍지 왜 그리 건물만 쳐다보고 있느냐고 물었다. 그는 잠시 뜸을 들이더니 "귀신을 기다리고 있는 중"이라고 말했다. 그는 종묘를 죽은 자들의 혼이 드나드는 집으로 묘사했고, 그 보이지 않는 존재들을 하늘과 구름의 형태에 빗대어 표현했다.

그의 설명을 종묘라는 장소, 특히 제사와 연결해서 생각해 보니 '말이 안 되면서도 말이 됐다'. 잘 알려져 있듯이 종묘는 조선왕조 역대 왕과 왕비의 혼이 깃든 신주를 봉안하고 제사를 받드는 사당이다. 조선시대 왕실과 문무백관을 비롯한 궁인들(악단, 무용단, 제수 준비단, 어가행렬단 등)이 종묘에 모여서 사계절을 알리는 제사(1월, 4월, 7월, 10월)와 12월 섣달 제사를 올렸다. 조선에서 제사는 허무맹랑한 미신, 생계와 상관없는 허례허식, 혹은 단순히 중국의 유교를 추종하는 사대주의적 산물이 아니었다. 오히려 조선의 제사는 종법(宗法)의 관념이 희미한 불교 중심의 고려에서 벗어나, 새로운 국정운영 기조와 사회적 질서를 만들기 위한 동력이었다.

이성계는 한양을 조선의 도읍지로 정하고 종묘, 사직과 궁궐을 만들었다. 유교 경전인《주례(周禮)》를 따라서 종묘는 궁궐의 왼쪽, 사직단은 궁궐의 오른쪽에 세웠다.[1] 사극에서 신하들이 "전하, 종사를 보존하소서"라고 말할 때 그 '종사'가 종묘와 사직(社稷)을 가리킨다. 종사는 조선이라는 새로운 국가의 반석이었다. 사직단은 토지의 신(사)과 곡식의 신(직)에게 제사를 올리는 제단이었다. 농업이 민생의 근간이었던 조선에서 왕은 제사라는 의례를 통해 대지를 아끼고 보살필 책무를 다짐했다. 한편 종묘는 왕실이 삼강오륜으로 대표되는 유교적 윤리, 무엇보다 돌아가신 부모와 선조에 대한 효(孝)를 실천하는 곳이었다. 한국학자 마르티나 도이힐러(Martina Deuchler)의 분석처럼, 조선의 건국 세력은 부계친(父系親) 중심의 제사 계승을 고려와 구분되는 중요한 준거점으로 판단했다.[2] 이들은 주자(朱子) 사상에 근거해 같은 기(氣)를 공유하는 조상과 후손이 제사를 통해서 결합된다고 여겼다. 또한 조상 제사를 통해서 집안의 효가 국가적 충(忠)으로 확장된다고 봤다. 장손 중심의 제사 계승과 부계친 혈통집단의 질서를 확립한 종법이 조선에 뿌리내렸다. 사람들은 각자의 집에서 제사를 지내는 동시에 조선이라는 큰 집에 귀속됐다. 제사는 친족이 모인 집의 질서였고 또한 그 집들이 모여 있는 국가를 지탱하는 규범이었다. 그렇게 제사는 인간들과 비인간들(땅과 곡식이라는 자연, 그리고 조상 및 신이라는 초자연)을 '연결'하면서 지속 가능한 사회(조선)를 만드는 데 기여했다.

호주제 덕분에 살아남다

조선은 망했지만 제사는 일제강점기 호주제 안에서 가까스로 살아남았다. 일제는 을사늑약 이듬해인 1906년부터 1938년까지 한반도에 살던 사람들의 부동산, 일상생활, 민속 등을 광범위하게 조사해 〈조선 관습조사보고서〉를 펴냈다. 이 보고서는 당시 한국의 관습을 일본 민법과 거칠게 비교하고 곡해한 식민지 통치용 자료였다. 일제는 이 보고서를 식민지 행정과 법률 제정에 활용했다. 그중 하나가 일본식 호주제를 기준으로 한국 가족을 재편한 것이었다.[3] 호적(戶籍)은 '국가가 국민의 신분관계를 명확히 하기 위하여 호주를 기준으로, 한 가(家)에 속하는 사람의 신분에 관한 사항을 기록한 공문서'다.[4] 호주(戶主)는 호적에 존재하는 관념적 '가'의 대표를 가리킨다. 일제는 식민지 주민들을 이 호적이라는 행정단위로 분류하여 통치했다. 이에 따라 한국인들의 신분 증명, 재산상속, 권리, 의무 등은 호주이자 집안의 가장(남성)을 중심으로 재조직됐다. 일제는 조부-부-적장자 그리고 적장손으로 이어지는 호주상속과 재산상속을 '법적'으로 일체화했다. 한편 성과 본관을 아우르는 부계친 혈통집단인 가문이라는 개념과 가계상속의 의미까지 내포한 제사 계승은 호주의 '도덕적 책무'로 조정했다.[5]

특히 주목할 점은 일제강점기 법률이 1958년 대한민국 민법의 기반이 됐다는 사실이다. 일제의 호주제 또한 별다른 토론 없이 대한민국 가족법으로 옮아갔다. 이 역사적 분기점에 '대한민국'이 호주제를 수용한 것은 중대한 사건으로 봐야 한다. 헌법에 따라 주권자인 모든 국민의 자유, 평등, 존엄을 사회의 근간으로 삼는 대한민국은 조선왕조나 일제의 식민지와는 완전히 다른 사회이기 때문이다. 하지만 대한민국은 민주공화국이라는 형식과 내용을 설계하고 실현하기 위해 거쳐야 할, 이전 사회의 유산에 대한 비판적 평가와 청산을 제대로 하지 못했다. 오히려 대한민국은 이념 갈등과 한국전쟁, 그리고 이를 이용한 독재정권의 공안정국 속으로 빨려 들어갔다. 이러한 역사적 맥락에서 제사를 살펴볼 필요가 있다.

국가 폭력과 제사

제사는 해방 이후 사람들의 일상에 뿌리내린 국가의 폭력을 드러내는 '경계적 공간'이 되었다. 예컨대 1979년 현기영의 소설《순이 삼촌》은 제사를 통해 제주 4·3이 남긴 가족과 마을공동체의 상처, 갈등, 불안과 마주한다. 작품 속 화자인 중년 남자는 가족의 장지 매입을 상의할 겸 조부의 기일에 맞춰 제주도 고향에 내려오라는 큰아버지의 부름을 받는다. 서울 생활에 바빴던 그는 조부의 제사에서 순이 삼촌이 최근에 죽었다는 소식을 접한다. 친지들은 그 시체가 4·3으로 희생된 자신의 두 아이를 직접 묻은 텃밭에서 발견되었다고 말한다.

제사에 모인 친지들은 '낮은 목소리'로 4·3 때 이야기를 한다. 이는 한 친족 내에도 군경 및 서북청년단(예컨대 고모부)과 입산자 및 공비로 분류된 주민(가령 순이 삼촌의 남편)이 공존하고, 혹여 정권에 비판적인 이야기가 집 밖으로 흘러나가 문제가 생기지 않을까 하는 염려 때문이다. 이러한 제사의 풍경은

4·3으로 인해 좌익과 우익, 반동자와 진압자, 피해자와 가해자로 나뉜 사람들이 마을공동체를 이루며 살아가는 제주의 '말하기 힘든 현실'을 비춘다. 더욱이 "아, 한날한시에 이집 저집에서 터져 나오던 곡소리. 음력 섣달 열여드레 날, 낮에는 이곳 저곳에서 추렴 돼지가 먹구슬나무에 목매달려 죽는 소리에 온 마을이 시끌짝했고 오백 위(位) 가까운 귀신들이 밥 먹으러 강신하는 한밤중이면 슬픈 곡성"이 터져 나오는 마을에서 제사는 4·3의 광풍으로 쑥대밭이 된 공동체의 비극을 기억하고 내보인다.[6] 이러한 제사의 특성은 제주도뿐만 아니라 한국 사회 전반에 걸쳐 발견된다.

국가안보를 기치로 내건 권위주의 독재정권은 국민의 '사상'을 검증하고 처벌했는데, 특히 호적을 활용한 연좌제는 사람들의 일상을 붕괴시키는 데 기여했다. 가령 친인척 중에 납북자나 월북자가 있으면 그 집안의 호적은 '빨간 줄'이 그어져, 즉 '빨갱이 집안'으로 분류되어 신분상 불이익이나 감시, 해외여행 제한, 법조·군·경찰 및 공무원을 비롯한 공공 영역의 취업 제약을 받을 수 있었다. 인류학자 권헌익이 지적했듯이, 일제가 도입한 호적은 한 개인과 친족의 '정체성'을 규정하는 공문서로 활용됐다.[7] 특히 호적에 표시된 본적은 대개 조상의 묘소가 있는 장소이고, 사람들은 제사를 통해서 자신과 가족 공동체의 뿌리를 확인하고 소속감을 다졌다. 동시에 사람들은 이 가계도를 붉게 물들일 수 있는 '불순분자'가 되지 않기 위해 스스로 검열했고, 무엇보다 국가의 의심을 살 수 있는 친인척의 제사를 신중히 가려 지내야 했다. 이렇듯 제사는 해방 이후 식민지 유산, 냉전시대 이념 갈등과 공안정국의 상흔이자 그 아픔을 기억하고 감내하기 위한 가족과 마을공동체의 의식이었다.

헌법 이념에 배치되는 관습

한편 제사는 권위주의 시대 이후 헌법 정신과 상충되어 사회적 갈등을 일으키는 '관습'이 되었다. 이 의식은 법적 효력이 없는 호주의 도의적 책무로 쪼그라든 대신, 호주제를 지탱하는 동력으로 변모했다. 제사는 호주의 주재로 가족구성원들이 조상에 대해 예를 표하는 전통임과 동시에, 가장(호주)과 가속(나머지 가족구성원) 간의 권위주의적 관계를 체화하는 의례였다.

호주제는 2005년에야 헌법 불합치 결정을 받았다. 헌법재판소(헌재)는 뒤늦게나마 이 제도가 모든 국민의 자유와 평등 그리고 존엄이라는 헌법적 가치와 맞지 않는다고 판단했다. 유림을 비롯한 일부 단체들은 '인륜'이 무너진다며 호주제 폐지를 반대했고 일각에서는 호주제가 '가족의 근간'이라는 주장도 제기했지만 소용없었다. 같은 해 국회는 헌재 결정에 따라서 호주제가 삭제된 민법 개정안을 통과시켰다. 2008년 1월 1일부터 비로소 호주제는 역사의 무대에서 완전히 퇴장했다. 가족관계등록부가 호적을 대체했고, 가족의 단위 또한 호주 중심에서 개인으로 변경됐다. 그럼에도 출생에 따른 차별적 호주상속과 재산상속 유지에 오랜 세월 기여했던 제사의 영향력은 여전히 막대하다.

예컨대 2008년 대법원이 다룬 한 사건은 호주제와 밀접한 관계였던 제사가 여전히 가족공동체를 떠받치는 기둥임을 보여준다. 이 사건의 주체는 A씨(당시 사망한 상태), 그리고 A씨와 법률혼 관계로 15년간 살았던 부인 B씨 및 자녀들, 또 A씨와 사실혼 관계로 40년 이상 살았던 C씨 및 자녀들이다. A씨는 B씨와 연락을 끊은 뒤 C씨와 살며 자녀 셋을 낳아 길렀다. A씨는 생전에 공원묘지를 마련해두었고, C씨 측에 자신이 죽으면 그곳에 묻어달라고 했다. C씨 측은 A씨가 사망하자 평소 그의 뜻대로 해주었다. A씨의 사망 소식을 뒤늦게 알게 된 B씨의 맏아들(원고)은 A씨의 유해를 선산에 모셔야 한다며 이장을 요구했지만 C씨 측(피고들)은 이를 거부했다. 이에 따라 원고는 피고들을 상대로 A씨의 유해 인도를 요구하는 소송을 제기했다. 대법원은 원고의 손을 들어주었다. A씨의 '장자'인 원고가 '제사 주재자'로 인정받았기 때문이다. 대법원의 다수의견은 "사람의 유체, 유골은 매장, 관리, 제사, 공양의 대상이 될 수 있는 유체물로서 분묘에 안치되어 있는 선조의 유체, 유골은 민법 제1008조의 3(분묘 등의 승계)에 따라 소정의 제사용 재산인 분묘와 함께 그 제사 주재자에게 승계"된다고 했다.[8]

　이 사건의 쟁점은 제사 주재자가 누구인지를 정하는 일이었다.[9] 1990년에 개정된 민법은 제사용 재산을 호주상속인(장손)이 아니라 '제사를 주재하는 자'가 승계하도록 정했지만, 그 제사 주재자가 누구를 가리키는지는 정해놓지 않아 해석의 여지가 있었다. 이런 경우 민법은 "민사에 관하여 법률에 규정이 없으면 관습법에 의하고 관습법이 없으면 조리에 의한다"라고 규정하고 있다. 이에 따라 대법원은 장손이 제사 주재자를 맡는 것이 '사회 통념'이기 때문에 A씨의 장남인 원고에게 유해가 인도되어야 한다고 판단했다. 헌법 이념에 맞지 않는 호주제가 폐지됐음에도 사법부는 제사 주재자가 누구인지를 정하는 문제에서는 다시 장손을 찾는 아이러니를 보여주었다. 그렇게 제사라는 관습 앞에서 고인의 인격권과 40년 이상의 시간을 함께한 C씨 측과의 관계성은 빛을 잃었다.

새로운 제사에 대한 상상

제사는 제도적 차원에서뿐만 아니라 일상 영역에서도 가부장적 질서에 기여하고 있다. 명절 때마다 언론 보도는 제사 때문에 '고통'받는 사람들 이야기로 넘쳐난다. 그 내용은 대개 이렇다. 시어머니의 지휘 아래 며느리들은 일사불란하게 장을 보고, 전을 부치고, 음식을 나르고, 제사상을 차리고, 또 치운다. 심지어 여성이라는 이유로 제사에 끼지도 못하고 부엌 언저리에서 따로 밥을 먹는다. 그들의 옷은 밀가루로 하얗게 덮여가고, 그들의 얼굴은 하얗게 질려간다. 그 시간에 남자들은 아이들의 재롱이나 텔레비전을 보고, 정치와 나라 경제를 근엄하게 논하고, 제사상 앞에서 절을 한 뒤 맛있게 밥을 먹는다. 요즘은 이런 상황을 불편해하거나 정당하지 않다고 여기는 남자들도 늘어나고 있다.[10]

하지만 여기서 주목할 점은 제사를 둘러싼 남녀 대립이 아니라 여성들이 이 의례에 '적극적 참여자로 가담'하게 만드는 기제다. 강화길의 소설 〈음복(飮福)〉에서 화자인 새 며느리 눈에 비친 시댁의 여성들은 단순히 가부장제에 억눌려 있는 피해자이거나, 수동적으로 제사를 뒷받침하는 사람들이 아니다.[11] 오히려 작품 속 여성들은 평소 제사를 충실히 '해주는' 대신에 자신들이 소중히 여기는 것들을 지켜나간다. 가령 시고

모는 집안의 반대를 무릅쓰고 돈과 시간이 필요한 시사촌(여성)의 재수를 관철했고, 시사촌은 그 지지 덕분에 약대를 나와 현재 집안 제사에 홀로 빠질 수 있는 '커리어우먼'의 지위를 확보했다. 또한 새 며느리는 "시어머니가 할머니를 모시며 함께 살고 제사를 열심히 챙기기로 한 대신 시아버지는 너(남편)의 삶에 어떤 상관도 할 수 없게 되었다는 것. 그 약속에는 나의 삶까지 포함되어 있다"는 깨달음에 이르게 된다. 여기서 여성들은 집안 내 알력 관계를 잘 알고, 그 불평등한 세계에서 자신들이 지켜야 하는 딸, 아들, 집안 내 입지를 위해 치밀한 '선택'을 하는 주체다. 반면 남성들은 제사를 둘러싼 여성들의 그 초조하고 치열한 마음을 알지 못할뿐더러 알 필요도 없는 일상 속에 있다. 이 작품은 여성들이 남성들의 그 '무지'를 딛고 자신의 열망을 이루는 주체임을 보여주는 동시에, 가부장적 질서가 오히려 여성들의 '앎'과 남성들의 '모름'이라는 상반된 상태를 통해 유지되어왔음을 드러낸다. 이런 세계에서 제사의 미덕은 무엇인가? '제사를 지내고 난 뒤 음식을 나누어 먹는 일이 복이 된다'는 음복의 선언적 가치는 매력적이지만, 그 실천 과정은 불평등하다.

제사는 시대의 흐름에 따라 다양한 방식으로 해석되고, 조정되고, 변경되고, 수용되는 문화적 행위다. 조선의 제사가 종법을 따랐다면, 대한민국의 제사는 헌법에 부합하는 방식으로 거듭나야 한다. 제사가 전통과 관습의 이름으로 일상을 흔들지 않고, 오히려 일상의 평화에 도움이 되는 의례가 될 수는 없을까? 정세랑의 소설 《시선으로부터,》가 보여주었듯, 자녀들이 어머니의 제사를 위해 그가 젊은 시절을 보냈던 장소를 여행하며 각자 "기뻤던 순간, 이걸 보기 위해 살아 있었구나 싶게 인상 깊었던 순간을 수집"해보는 건 어떨까?[12] 어머니 제삿날에 그 순간을 상징하는 물건이나 경험을 서로 공유해보면 어떨까? 제사상에 새 깃털, 무지개 사진 등이 등장하는 종잡을 수 없는 제사가 될지도 모른다. 그럼에도 제사에 대한 새로운 상상을 멈출 수 없다. 우리에겐 어떤 가족구성원도 소외되지 않고, 굳이 설명하지 않아도 애정을 느끼며, 고인을 기억하면서 비인간들과도 하나로 연결되는 '오늘의 신성한 의례'가 필요하다.

9

무연고자

갈 데 없는 삶과
법으로 처리되는 죽음

무연고 시체는 더 이상 '쓸모'가 없게 됐다.
생전 갈 데가 없었던 사람들은
사후에도 갈 곳 없는 사람들이 되었다.

노숙 생활을 하던 노인들은 응급실에 실려 가기 전까지 '갈 데 없는 삶'을 산다. 사회 어디에도 이들을 시민으로 인정하고 환대하는 관계망이 없다. 실업, 파산, 빈곤, 고령, 질병 등이 그 이유다. 그랬던 이들의 삶은 응급 상황에서부터 변한다. 길에서 쓰러진 이들은 누군가의 신고로 응급 환자가 되면 그때부터 '응급의료에 관한 법률'의 대상이 된다. 이 법은 응급 환자를 "질병, 분만, 각종 사고 및 재해로 인한 부상이나 그 밖의 위급한 상태로 인하여 즉시 필요한 응급처치를 받지 아니하면 생명을 보존할 수 없거나 심신에 중대한 위해(危害)가 발생할 가능성이 있는 환자 또는 이에 준하는 사람"으로 정의한다. 응급의료를 받을 권리에 대해서도 "모든 국민은 성별, 나이, 민족, 종교, 사회적 신분 또는 경제적 사정 등을 이유로 차별받지 아니하고 응급의료를 받을 권리를 가진다. 국내에 체류하고 있는 외국인도 또한 같다"라고 규정하고 있다. 응급 상황에서 국가는 한 개인의 몸을 일시적이나마 '점유'한다. 갈 데 없었던 노인들은 응급 상황에서 국가의 '무차별적 환대(혹은 응급적 환대)'를 받게 된다.

한 종교 재단이 운영하는 무연고자를 위한 요양원을 살펴본 적이 있다. 무연고자의 '생명'을 보호하는 장소였다. 한동안 혼란스러웠다. 입소 노인들은 대개 노숙 생활을 하다가 행려병자로 발견되어 응급실에 실려 갔고, 중환이 아닌 '노환'을 앓고 있어서 해당 의료복지 시설로 오게 됐다. 입소 경로에서도 특히 응급실 전후 상황 변화가 눈에 띄었다. 보통의 경우와 달리 이들에게는 응급적 환대가 종료되지 않고 일상적인 형태로 지속됐다. 경찰 및 119 구조대를 통해 응급실에 오게 된 사람은 대개 보호자와 연락이 닿고 몸이 회복되어 퇴원하거나, 더 큰 치료가 필요하면 입원을 결정하며 응급 상황이 종료된다. 하지만 무연고 노인의 경우는 '애매'하다. 가족이 없거나 있어도 연락이 닿지 않는 경우가 많기 때문이다. 신원을 밝히지 않는 사람도 있다. 정확한 신원을 확인하지 못한 병원 원무과는 이들의 이름을 가명으로 지어준다. 문제는 집중 치료가 필요할 정도로 아픈 것은 아니지만, 퇴원하기에는 무리가 따르는 경우다. 다시 거리 생활을 할 것으로 예상되는 노인들이 여기 해당한다. 의학적으로 말하면 이들은 더 이상 응급 환자가 아니지만, 사회적으로는 생명을 보존할 수 없거나 심신에 중대한 위해가 발생할 가능성이 있는 '잠재적 응급 환자'로 간주된다.

쓰러진 후에야 보호받는 사람들

상기 요양원에서 영양 및 수분 섭취, 그리고 이동에 큰 어려움을 겪는 이들은 '중환자'로 분류된다. 시설 관계자는 이들에게 '콧줄', 즉 비위관 삽입을 실시한다. 노인들은 침대에 누워서 영양 공급을 받는 와상 환자가 되어 10년 정도 살다가 죽음을 맞는다. 이들의 사회적 관계는 간호사와 요양보호사의 업무로 치환된다. 이러한 의료행위는 입소자의 의사와 상관없이 행해진다. 이 종교 재단이 표방하는 '신성한 생명'이라는 가치는 차치하고라도 기력이 떨어진 노인이 자신에게 행해지는 의료행위가 연명의료인지 아닌지를 판단하기란 현실적으로 쉽지 않다.

물론 이른바 '연명의료결정법'이 있다. 하지만 이 법을 무연고 노인에게 적용할 수는 없다. 두 가지 문제가 있다. 첫 번째 맹점은 이 법이 연명의료를 "치료 효과 없이 임종 과정의 기간만을 연장하는 것"으로 정의하는 한편, "영양분 공급, 물 공급, 산소의 단순 공급은 시행하지 아니하거나 중단되어서는 아니된다(제19조 2항)"라고 규정하는 것이다. 이 법을 임종기가 어느 정도 예측되는 말기암 환자가 아닌 만성질환자, 특히 요양원이나 요양병원에 있는 노인들에게 적용하는 것은 까다로운 일이다. 또 다른 허점은 무연고 환자의 의사를 확인할 수 없는 경우 사실상 연명의료를 중단할 길이 없다는 것이다. 이 법률 제18조는 환자의 의사를 확인할 수 없는 경우에는 친족이 그 결정을 대신할 수 있도록 하고 있다. 법은 그 친족의 범위, 권리, 의무를 차등적으로 규정하고 있다. 배우자, 1촌 이내의 직계 존·비속, 2촌 이내의 직계 존·비속, 그리고 형제자매 순이다. 무연고 노인과 개인적 친분이 있더라도 친족이 아닌 '제3자'는 연명의료결정과 관련해 어떠한 발언도 개입도 할 수가 없다.

이처럼 갈 데가 없었던 노인들은 길에서 쓰러진 이후 줄곧 '생명 보호'를 받는다. 국가는 평소에는 이들 삶의 조건에 무심하지만, 생명이 위험할 때는 적극 관여한다. 문제는 무연고 노인의 몸을 둘러싼 선언적 가치와 일상적 실천 간의 괴리다. 요양원에서 무연고 노인들의 '생물학적 생명'은 법적으로 철저한 보호를 받지만, 이들의 '서사적 삶'은 시설의 관리체계 속에서 탈각된다. 즉 입소자들 생의 끝자락과 죽음은 인간적 존엄이 증발하고 법적 틀거지만 남아 있는 형국이다.

2020년 전국 무연고 사망자 수는 2880명으로 추산된다.[1] 이 중 남성이 2172명이고, 60세 이상이 1797명이었으며, 40세 미만도 97명이나 됐다. 2016년 무연고 사망자 수가 1820명이었으니, 4년 만에 60퍼센트 가까이 증가한 것이다. 보건복지부가 발표한 '2022년 고독사 실태조사'에 따르면, 고독사한 사람도 2017년 2412명에서 2021년 3378명으로 5년 만에 40퍼센트가 늘었다.[2] 사망자 수와 더불어 주목할 점은 2022년에 고독사 실태조사 결과가 처음 나왔다는 것이다. 그동안 지자체마다 무연고사와 고독사에 대한 기준이 다르고 중앙정부, 지자체, 경찰 간의 정보 협력도 원활하지 않아, 분명한 기준에 따라 집계된 공식 통계가 없었다는 말이다.

무연고사와 고독사는 밀접한 관련이 있다. 두 개념을 간략히 정의해보면 이렇다. '장사(葬事) 등에 관한 법률'에 근거한 무연고 사망은 '장례 시점'에 법이 규정한 연고자가 없거나, 연고자를 파악할 수 없거나, 연고자가 시체 인수를 거부한 죽음을 뜻한다. 한편 '고독사 예방 및 관리에 관한 법률'에 따르면 고독사는 '사망 시점'에 홀로 사망하고 일정 기간이 흐른 뒤에 발견된 죽음을 가리킨다. 이런 정의에 따르면 병원에서 임종한 무연고자는 고독사한 것이 아니다. 반면에 고독사했더라도 시신을 인수할 연고자가 있다면 그 사람은 무연고 사망자가 아니다. 물론 중요한 점은 무연고 사망자 상당수가 고독사한다는 사실이며, 또한 고독사를 개인의 불행이 아니라 사회 안전망의 부재가 초래한 사회적 '고립사'로 봐야 한다는 것이다. 오늘날 언론과 연구자들은 무연고 사망, 고독사 혹은 고립사를 대개 빈곤, 열악한 주거 형태, 부실한 의료복지 같은 사회적 문제로 파악하고 해법을 모색하고 있다.

쓸모가 사라진 시체

그와 더불어 조명되어야 하는 것이 '연고'라는 개념이다. 예컨대 무연고자의 연명의료 중단을 불가능하게 만든 근거였던 2015년도 헌법재판소의 한 위헌 판결에 주목해보자. 이 판결은 무연고 사망자에 관한 국가의 시선과 관리 방식을 파악하는 데 중요한 단서가 된다.

2015년 11월, 헌법재판소는 무연고 시신에 관한 의미심장한 결정을 내렸다.[3] 헌법소원심판을 청구한 손 아무개씨(여·53)는 '무연고자'였다. 미혼이었고, 부모는 모두 사망했으며, 형제와 연락이 끊긴 지도 30여 년이 흘렀다. 평소 그녀는 '시체 해부 및 보존에 관한 법률'에 문제의식을 가지고 있었다. 그녀가 주목한 것은 이 법률 제12조 제1항이었다. 이 조항은 "특별자치시장, 특별자치도지사, 시장, 군수, 구청장은 인수자가 없는 시체가 발생하였을 때에는 지체 없이 그 시체의 부패 방지를 위하여 필요한 조치를 하고 의과대학의 장에게 통지하여야 하며, 의과대학의 장이 의학의 교육 또는 연구를 위하여 시체를 제공할 것을 요청할 때에는 특별한 사유가 없으면 그 요청에 따라야 한다"라고 규정하고 있었다. 다시 말해 이 법은 무연고 사망자의 시체를 생전 본인의 의사와 상관없이 의과대학에 해부용으로 제공할 수 있도록 했다. 손씨는 이 법률 조항이 자신의 기본권을 침해한다고 보고 헌법소원심판을 청구했다. 결과는 어떻게 됐을까? 헌법재판소(헌재)는 손씨의 손을 들어주었다. 해당 법률 조항이 손씨의 "시체 처분에 대한 자기결정권을 침해"한다고 판단했다. 시민단체들은 환영했다. 해당 법률 조항은 삭제됐다. 헌재의 결정은 무연고자의 존엄성을 지키고, 더 나아가 사후에도 자기결정권을 보장하는 것처럼 보였다.

하지만 헌재의 결정 이유를 살펴보면 고개를 갸웃거리게 된다. 헌재는 이 법률 조항이 "인수자가 없는 시체를 해부용으로 제공될 수 있도록 함으로써 국민보건을 향상시키고 의학 교육 및 연구에 기여하기 위한 것"이었다는 점을 인정했다. 다만 오늘날 의과대학의 해부용 시체는 대부분 시신 기증에 의존하고 있기 때문에 이 법률 조항이 굳이 필요 없다고 봤다. 2009년부터 2013년까지 무연고 사망자의 시체를 의과대학에 해부용으로 제공한 사례는 단 한 건에 불과했다. 이런 맥락에서 헌재는 이 법 조항의 '공익'이 무연고자의 '사익(자기결정권)'보다 크지 않다고 지적했다. 뒤집어 말해 의과대학이 해부용 시체를 원활히 공급받는 데 어려움을 겪고 있었다면, 헌재의 결정이 달라질 수 있었다는 뜻이다.

결정문에 포함된 해당 법률 조항의 입법 연혁에 따르면, 한국의 의과대학과 무연고 사망자 시체는 불가분의 관계에 있었다. 그 역사는 무려 일제강점기 전후부터 2000년대 초까지 지속됐다. 결정문에 따르면 무연고자는 본인의 죽음을 알릴 친족이 없거나, 친족에게 시체 인수를 거부당한 사람을 가리킨다. 또한 빈곤으로 인하여 길거리 생활을 하다가 죽은 사람을 뜻한다. "시신 훼손을 금기시하고 화장을 꺼리는 오랜 전통적, 유교적 관습에서 비롯된 매장 문화로 인해" 한국의 의과대학은 해부용 시체를 대부분 행려병자나 무연고 사망자에게 의존해왔다. 하지만 시신 기증자가 늘어나면서 무연고 시체는 더이상 '쓸모'가 없게 됐다. 바꿔 말해, 생전에 갈 데가 없었던 사람들은 사후에도 갈 곳 없는 사람들이 되었다. 이런 역사적 배경을 언급한 헌재의 결정문은 마치 무연고 사망자라는 존재의 종언을 고하는 것처럼 보인다. 사회에 이들을 위한 자리는 이제 어디에도 없다는 듯이 말이다.

무연고자의 죽음을 애도하지 못하는 사회

헌재의 결정에서 또 주목할 점은 자기결정권에 관한 사항이다. 헌재는 해당 법률 조항이 무연고자의 의사를 확인하는 절차를 결여하고 있다는 점을 분명히 했다. 현행법상 생전 본인의 반대 의사가 있다면 장기나 인체조직의 이식 및 채취를 할 수 없다는 사실도 상기했다. "만일 자신의 사후에 시체가 본인 의사와는 무관하게 처리될 수 있다고 한다면 기본권 주체인 살아 있는 자의 자기결정권이 보장되고 있다고 보기는 어렵다"라고도 적시했다. 자기결정권의 근거가 되는 헌법 제10조에 따르면 해당 사건의 법률 조항은 수정해야 할 오류로 여겨졌다.

하지만 여기서 말하는 무연고자의 자기결정권이란 무엇인가? 해당 법률 조항에 대한 본인의 의사표시 여부인가? 오늘날 무연고 사망자 시체는 본인의 의사 여부와 상관없이 그 쓸모가 사라졌다. 다시 말해 무연고자가 시체 기증에 동의하든 안 하든 결과는 같다. 헌재 결정은 무연고 사망자의 자기결정권이 아니라 모든 사람의 기본권을 원칙적으로 확인한 것으로 보인다. 자기결정권의 뿌리인 헌법 제10조는 "모든 국민은 인간으로서의 존엄과 가치를 가지며, 행복을 추구할 권리를 가진다"라고 규정하고 있다. 그러나 이러한 선언적 가치가 있음에도 사람들은 일상에서 각종 차별을 경험한다. 각자의 존엄과 가치는 절대적인 것이 아니라 사회적 관계 속에서 끊임없이 확인되고 승인되는 것이기 때문이다. 무연고자의 죽음을 자기결정권 여부로만 다루는 데에는 뚜렷한 한계가 있다는 의미다. 법학자 김현철이 지적했듯이, 우리 모두는 권리의 주체이지만 권리 행사에는 '사회적 승인(recognition)'이 필요하다.[4]

헌법재판소는 '기본권 주체인 살아 있는 자의 자기결정권'에 대한 원칙을 강조했다. 연고자든 무연고자든 시체의 처분에 대한 자기결정권을 제한해서는 안 된다는 말이었다. 하지만 이러한 헌재의 결정은 무연고 죽음을 자기결정권 여부로 국한함으로써 자기결정권을 행사하기 어려운 무연고자의 불평등한 삶의 조건에는 주목하기 어렵게 만든다. 이런 관점에서 헌재는 무연고자의 자기결정권을 인정하면서도 인정하지 않는 역설적인 결정을 내렸다고 볼 수 있다.

'장사 등에 관한 법률(장사법)'의 목적은 국가가 시신 관리를 통해 "보건위생상의 위해(危害)를 방지하고, 국토의 효율적 이용과 공공복리 증진에 이바지"하는 것이다. 혼자 살다가 죽은 사람들은 가족이 없거나 연락이 끊긴 경우가 많다. 이런 상황에 놓인 시신은 무연고사로 분류되어 안치실에서 곧바로 화장장으로 향하게 된다. 지자체에서 시행하는 이 직장(直葬)은 일종의 '시신 처리'에 가깝다. 빈소, 조문객 등으로 이뤄지는 장례식은 생략된다. 그나마 서울시가 '나눔과나눔'이라는 비영리 단체와 함께 무연고 사망자를 위한 공영 장례식을 내실 있게 지원하는 실정이다.

한편 장사법 제2조 제16호는 연고자의 범위를 친족과 비친족으로 정해놓았다. 먼저 친족은 배우자, 자녀, 부모, 자녀 외의 직계비속, 부모 외의 직계존속, 형제·자매 순으로 규정된다. 친족의 권리와 의무는 차등적이다. 만약 배우자나 자녀가 고인의 시체 인수를 유보한다면 형제나 자매가 고인의 장례식을 치르기 어려운 상황이 발생할 수도 있다. 친족 다음 순위는 "사망하기 전에 치료·보호 또는 관리하고 있었던 행정기관 또는 치료·보호기관의 장으로서 대통령령으로 정하는 사람" 그리고 마지막으로 고인의 "시신이나 유골을 사실상 관리하는 자"다. 이런 법적 테두리 안에서 친구, 동거인, 동성 연인이 고인의 장례식을 치르기란 여간 어려운 일이 아니다. 이들을 '시신이나 유골을 사실상 관리하는 자'로 볼 수 있는지가 명료하지 않기 때문이다. 이처럼 장사법은 이성 부부 중심의 친인척 관계가 아닌 또 다른 형태의 '가족관계(혹은 가구 형태)'를 반영하고 있지 않다. 그런즉 '제3자'가 고인의 장례를 치르기란 법적으로도, 그리고 규범적으로도(가령 주무관들의 보수적 태도) 난감하기 이를 데 없는 일이 된다. 국가로 대표되는 법률이 특정한 연고 범위 밖에 있는 '가족'과 시민들의 애도를 막아서는 형국이다.

'정상 가족' 너머의 상상력

이처럼 무연고자의 죽음은 연고의 개념과 사회 성원에 관한 중요한 질문을 던진다. 무엇보다 무연고 사망자 문제를 비혼, 저출산, 고령화, 가족 해체 등으로 파악하고, 그에 대한 해결책으로서 결혼, 출산, 가족의 유대감을 강조하는 세간의 인식을 '갱신'할 필요가 있다. 기존 인식 구도는 마치 전자가 사회병리적 현상이고, 후자가 그에 대한 올바른 처방처럼 보이게 한다.

게다가 이러한 인식 틀은 연고를 이성 부부 중심의 가족 및 친인척과 동의어로 취급함으로써 다양한 형태의 가족에 대한 사회적 논의에 눈을 돌리지 못하게 한다. 하지만 가족의 형태는 시대에 따라서 늘 변해왔다는 점을 잊어서는 안 된다. 예컨대 산업화 시기에 국가의 가족계획 정책과 도시화로 인해 '4인 가족'이 대폭 늘어났다면, '고용 없는 성장 시대'나 '코로나19 시대'로 명명되는 오늘날에는 1인 가구, 동거 가구, 동성 가구, 비혼 가구와 같은 형태의 가족이 늘고 있다. 즉 당대 무연고자의 죽음을 둘러싼 문제의 본질을 '정상 가족'의 소멸에서 찾을 게 아니라 이미 등장한 다양한 형태의 가족을 인정하지 않는 사회체계와 규범에서 먼저 찾아야 한다.

이제라도 연고자·무연고자라는 분류를 재고하고, 그간 국가가 가족에게 떠맡겨왔던 복지 문제를 전면적으로 검토해야 한다. 혼자 사는 사람을 대신하여 연명의료결정을 숙의하는 '시민 연대'나 그들의 장례식을 거행할 수 있는 '사회적 친족' 에 대한 논의도 시작할 때다.

10

현충원

그곳에 '보통 사람들'은 없다

기억해야 할 '공적인' 죽음을 국군 전사자로 특정함으로써
그 경계 밖에 위치한 사람들의 죽음, 폭력, 관계는 침묵 속에 잠긴다.

지난봄 오랜만에 찾은 현충원은 만개한 꽃과 싱그러운 녹음으로 가득했다. 동행한 친구는 서울에 이런 장소가 있었냐며 마냥 신기해했다. 군데군데 놓인 기념 조각상 사이로 걷다 보니 국방부 중앙감식소에서 군복무하던 시절이 떠올랐다. 자부심이 있었다. 한국전쟁으로 희생당한 분들의 넋을 위로하고 명예를 찾는 일에 미약하나마 힘을 보탠다는 마음이었다. 조부모 세대가 겪은 난리와 고초를 책이 아니라 현장과 유해를 통해서 '피부'로 느꼈다. 바스러진 유해를 볼 때마다 말할 수 없는 아픔과 부채 의식이 밀려왔다.

　유해발굴감식단에는 유능하고 사명감 넘치는 동료들이 많았다. 시간이 나면 그들과 고요한 현충원을 거닐었다. 묘지에 묻힌 영령들의 명복을 빌었고, 오늘의 평화에 감사했다. 하지만 공간이 드러내는 정치·군사적 위계질서는 마음 한쪽을 불편하게 했다. 묘역 배치는 철저히 '차별적'이다. 서울 동작구 서달산 일대에 조성된 현충원은 마치 군인들이 계급별로 줄지어 서 있는 모습이다.

가장 높은 곳에는 국가원수 묘역이 있고, 그 아래 장군·장관급 묘역, 또 그 밑에 영관급, 위관급 묘역, 제일 아래에 사병 묘역이 있는 식이다. 애국지사, 국가유공자, 경찰관, 외국인 묘역은 따로 구분되어 있다.

현충원 가장 높은 곳에 위치한 박정희 전 대통령 묘역의 면적은 무려 1100평(3636㎡)에 달한다.[1] 그 아래에 이승만 전 대통령 묘역(1653㎡), 김대중 전 대통령 묘역(514㎡), 김영삼 전 대통령 묘역(480㎡)이 자리한다. 반면 장군 묘역은 약 여덟 평이고 사병 묘역은 약 한 평에 불과하다. 사병 묘역에는 봉분도 없다.[2] 미국 알링턴 국립묘지나 유럽의 여타 기념묘지의 '평등한' 묘역 배치와는 확연히 달랐다. 헌법을 사회의 근간으로 삼는 민주공화국의 묘지와 현충원은 거리가 있어 보였다.[3]

유해가 던지는 질문들

2018년 7월 27일, 북한은 한국전쟁 당시 희생된 미군 유해 55구를 송환했다.[4] 정전협정 기념일이었던 이날, 미 공군 수송기는 원산에서 유해가 담긴 관을 싣고 귀환길에 올랐다. 트럼프 대통령은 유해 송환을 결정한 김정은 국무위원장에게 트위터로 감사를 전했다. 백악관 대변인 역시 한반도 비핵화로 가기 위한 북한의 긍정적 행동에 경의를 표했다. 북한의 유해 송환은 그해 싱가포르에서 열린 북·미 정상회담 합의에 따른 것이었다. 문재인 대통령과 외교부도 이 송환이 유가족들을 위한 인도주의적 조치일 뿐만 아니라 한반도 평화 구축에도 기여할 것이라며 환영했다. 더불어 남한과 북한은 비무장지대 내 유해 발굴을 통해 군사적 긴장을 완화하기로 약속했다. 이 협정은 판문점에서 열린 남북 정상회담 선언을 이행하기 위한 방법이었다. 한편 대한민국 국방부는 국내에서 발굴된 중국군 (혹은 중공군) 유해 20구를 송환했다.

왜 군이 각국 정부는 60년 넘게 산야에 묻혀 있던 유해를 발굴하고, 감식하고, 어딘가로 이동시켰을까? 국어사전에도 나와 있듯 유해는 '주검을 태우고 남은 뼈, 또는 무덤 속에서 나온 뼈'일 뿐이지 않은가. 뼈는 '척추동물의 살 속에서 그 몸을 지탱하는 단단한 물질. 표면은 뼈막으로 덮여 있고, 속에는 혈구를 만드는 골수로 채워져 있는' 물질일 뿐인데 말이다. 각국 지도자들이 그러한 '과학적 지식'을 모르지는 않았을 것이다. 그럼에도 그들은 왜 상당한 시간과 예산을 써가며 온전하지도 않은 사람 뼈에 집착했을까? 전사자 유해가 물리적, 생물학적 설명을 넘어서는 어떤 의미와 쓰임새를 가졌기 때문일 것이다.

그해, 유해는 가히 한반도 평화의 꽃이라 부를 만했다. 유해는 죽어서도 임무를 수행하는 용사의 모습을 보여주었다. 유해는 국가의 명령에 따라 군 수송기를 타고 국경을 가로지르고, 살아 있는 자를 고무하고, 한반도 비핵화 작전에 참여하고, 남북 간의 군사 충돌을 예방하고, 국제 정세 안정에도 기여하는 역할을 했다. 전사자 유해를 둘러싼 각국 정부의 메시지와 행동을 보고 있자면 죽음 이후에도 사람의 특정한 정체성, 예컨대 국적, 위계, 의무 등이 지속되고 있다는 생각이 든다. 국가와 전사자(아군, 적군)는 어떤 관계가 있는 것일까? 국가와 비전사자와는 어떤 차이가 있을까? (한국)전쟁과 (한반도)평화에서 유해는 어떤 의미일까? 국방부 유해발굴감식 사업은 그 질문들을 이해하는 데 중요한 단서가 되어준다.

전사자를 조국의 품으로

2000년 4월, 육군본부는 한국전쟁 50주년을 맞이해 한시적으로 전사자 유해발굴 및 감식 사업을 시작했다. 그러다 2008년 '6·25전사자 유해의 발굴 등에 관한 법률'이 제정됐고,

국방부는 이 사업을 영구적으로 수행할 전문기관인 유해발굴감식단을 창설했다. 2021년 12월 31일 기준, 유해발굴감식단은 유해 총 1만 2930구를 발굴했다. 그중 아군(국군, UN군) 유해는 1만 1203구이고, 신원이 확인된 전사자 수는 181명이다. 아직 12만여 명의 전사자 유해를 수습하지 못한 상황이다. 국토 개발에 따른 발굴 현장 훼손, 전사(戰史) 자료의 엄밀성 여부, 유가족 유전자 시료 채취(유해 DNA 대조 목적) 확보율, 참전군인과 지역 주민(유해 소재 증언)의 고령화는 이 보훈사업의 대표적인 어려움으로 꼽힌다. 국방부 유해발굴감식단장은 이 사업을 '시간과의 전쟁'으로 규정한다.[5] 부대훈인 '그들을 조국의 품으로'는 서울현충원에 위치한 이 기관의 정체성을 집약하고 있다. 여기서 '그들'은 한국전쟁 당시 사망하거나 실종된 군인을 가리키고, '조국의 품'은 현충원(국립묘지)을 의미한다. '6·25전사자 유해의 발굴 등에 관한 법률'의 목적도 전사자 유해를 "국립묘지에 안장함으로써 고귀한 희생에 대한 넋을 기리고, 국민의 애국정신을 기르는 데에 이바지하는 것"이다. 얼핏 보면 이 일은 국가가 하는 여러 보훈사업 중 하나로 보인다.

그러나 이 사업의 주체와 관리체계를 살펴보면 몇 가지 의문이 생긴다. 우선 유해발굴감식 사업의 주체가 정부 내에서도 국방부라는 점을 지적할 필요가 있다. 한국전쟁 전사자의 유해를 대상으로 하는 것이니 당연하다고 볼 수도 있다. 그렇지만 각종 보훈사업을 관장하는 국가보훈처가 해도 되는 일 아닐까?[6] 또한 당시 전쟁으로 사망한 사람이 참전군인뿐이었을까? 국가기록원에 따르면 한국군은 전사 약 13만 명, 부상 45만 명, 실종 및 포로 3만 명이다. 이에 비해 민간인은 사망 약 24만 명, 부상 22만 명, 학살 12만 명, 납치 및 행방불명 38만 명이다.[7] 이는 매우 보수적 통계다. 현재까지도 민간인 희생에 관한 진실 규명이 제대로 이루어지지 않았기 때문이다. 요컨대 수치를 놓고 보면 전쟁으로 인해 군인보다 민간인이 훨씬 더 많이 희생됐다. 그럼에도 정부는 합동조사단 혹은 독립기관을 출범시켜 당시 사망하거나 실종된 '국민'들의 유해를 찾는 데는 별 관심이 없어 보인다.[8] 국방부만이 '전사자'의 유해를 적극적으로 찾고 있는 형국이다.

6·25 호국 영웅의 탄생

유해발굴감식은 크게 네 가지 순서로 진행된다. 첫째는 유해발굴 현장을 찾는 '조사 및 탐사' 단계다. 이때 국방부는 산하에 있는 군사편찬연구소의 전사 자료를 분석하고, 참전군인들과 지역 주민들의 증언을 토대로 현장을 정하게 된다. 주목할 점은 국방부가 발굴 터를 특정한 서사와 함께 수용하는 방식이다. 가령 강원도 철원 지역 유해발굴 개토식을 다룬 언론 보도들은 이 의례의 의미와 사업의 가치를 몇 가지 단어들을 통해 설명하고 있다.[9]

"뜻 깊고 숭고한 일", "6·25전쟁 전사자 영웅들", "중공군의 개입으로 6·25전쟁 기간 중 가장 치열한 시기", "한 구의 유해와 한 점의 유품이라도 더 찾기 위해 남다른 사명감과 책임감으로 무장" 등과 같은 수사들이다. 이런 관점에서 보면, 유해발굴 현장은 적에 맞서 싸우다 희생된 호국 영웅들의 임시 거처가 된다. 이제 전쟁이 끝났으니 '유해발굴 작전'을 통해 영웅들을 조국의 품(현충원)으로 귀환시켜야 한다. 그것이 국가의 의무이기 때문이다. 하지만 이러한 서사에서는 지역민들의 당시 일상, 군인보다 훨씬 더 컸던 민간인 피해 정보는 드러나지 않는다. 마치 한국전쟁 당시 이 땅에는 군인 간의 전투만 있었던 것처럼 말이다.

더욱이 이 서사 구조는 참전군인들의 '관계'에도 주목하기 어렵게 만든다. 영화 〈태극기 휘날리며〉(감독 강제규)의 모티브가 됐던 전쟁기념관 조형물 '형제의 상'처럼, 한국전쟁 당시 급변하는 상황에 따라 한 가족 내에서도 형제가 국군과 인민군으로 갈려 전장에서 만나기도 했다. 전쟁 당시 마을공동체는 오르락내리락하는 전선에 따라 국군 가족·친지·협조자와 인민군 친족·부역자로 나뉘어 처참하게 붕괴됐다. 즉 한국전쟁

을 단순히 전장에서 벌어진 국군과 인민군의 대결로만 보기에
는 뚜렷한 한계가 있다. 그럼에도 이 서사 구조는 전사자를 국
민의 본보기로 만드는 한편, 이념이 초래한 국가(군인, 경찰)의
민간인 학살, 마을공동체 내 친족과 이웃들 간의 무참한 폭력
에는 주목하기 어렵게 만든다. 이렇듯 국방부의 조사 및 탐사
과정은 유해발굴 현장을 사람들의 일상에서(친족, 집, 마을) '이
탈된 땅'이자 호국 영웅들을 조국의 품으로 옮기기 위한 '그라
운드(근거)'로 전환한다.

다음 과정은 그 특정한 발굴 현장과 서사를 유해 및 유품이
라는 물질로 구체화하는 것이다. '발굴 및 수습' 단계라고 말할
수 있다. 실무적 차원에서 보면, 전사자 유해발굴은 현장에 대
한 사전조사 수준, 인력, 기간 등에 따라 그 결과가 달라진다.
국방부 유해발굴감식단이 지휘자 역할을 맡고, 해당 지역 인
근에 있는 부대 장병들이 발굴에 동원된다. 이때 발굴 담당자
의 주요 업무는 인골 찾기, 임시 피아식별, 유해를 오동나무 관
에 넣기, 현장 영결식으로 요약할 수 있다. 발굴지에서부터 유
해, 유품 그리고 조사 자료를 취합하여 아군(한국군과 유엔군)과
적군(북한군과 중국군)을 분류한다. 아군이 담긴 오동나무 관은
태극기(유엔군은 유엔기)로 포장되어 영결식의 대상이 되지만,
적군이 담긴 관은 하얀 천으로 포장되어 정적에 잠긴다. 향후
정밀 감식을 통해 아군은 현충원(유엔군은 송환)에 안장되고, 적

군은 파주에 있는 적군묘지에 묻힌다. 한국전쟁 당시의 국제 정세가 현재에도 유해를 통해 물리적으로, 또 상징적으로 재현되고 있는 것이다. 발굴 및 수습이 일단락되면 좀 더 정확한 감식을 위해 유해를 서울현충원에 위치한 국방부 유해발굴감식단 중앙감식소로 봉송한다.

중앙감식소의 핵심 업무는 유해의 신원을 정확하게 밝히는 것이다. 이 '신원확인' 단계는 법의학의 역할과 비슷하다. 국방부 중앙감식소 감식관들은 3D 스캐너, 치아 엑스레이, 비교분광기 등의 첨단 장비를 이용해 유해의 성별, 연령, 인종, 유품 등을 분석한다. 또한 유해와 유가족 유전자 비교를 통해 신원확인의 엄밀성을 확보한다. 국방부는 중앙감식소 내 모든 유해에 바코드를 부여해 정보를 전산으로 기록하고 관리한다. 감식관들은 발굴지에서부터 중앙감식소까지의 모든 과정을 '증거물의 연속성 및 전달체계(chain of custody)'로 파악한다. 한편 이러한 근거 중심의 감식 과정은 유해의 또 다른 탄생과 삶을 예고한다.

국방부는 신원확인 결과에 따라 각 유해의 지위에 적합한 조치를 취한다. '후속조치'는 이 보훈사업의 마지막 단계다. 예컨대 감식 단계에서 한 유해가 아군으로 판정되고, 더 나아가 신원까지 확인되면 그 유해의 지위는 엄청나게 달라진다. 그때부터 유해는 더 이상 산야에 묻혀 있던 그냥 뼈가 아니다.

국방부는 이 사실을 유가족에게 통보한 뒤, 유가족 자택에서 '호국의 영웅 귀환식'을 실시한다. 이 의례에는 유해발굴감식단장, 군 지휘관, 지자체 및 보훈단체 관계자들이 참석한다. 그 후 유해는 소속 군 참모총장 주관으로 현충원에 안장된다. 아군 판정 및 신원 미확인 유해는 국무총리가 주관하는 현충원 합동 봉안식을 거쳐 중앙감식소에 보관된다. 특히 국민의 대표이자 국군통수권자인 대통령이 현충일 추념사와 한국전쟁 기념행사에서 전사자 유해에 경의를 표함으로써 일련의 호국 영웅 귀환식은 절정에 이른다. 그리고 마침내 한국군 유해는 현충원에서 국민이 보고 믿고 따라야 할 자랑스러운 호국 영웅으로 '부활'하며, 영원한 삶을 누리게 된다. 국가는 사후 신원확인을 통해 전사자를 '신성한' 조국의 품에서 살게 하거나 그 밖으로 내쫓는다. 전사자 유해발굴감식 과정은 세속국가 내 '과학', '종교', '정치' 간의 긴밀한 상호작용으로 볼 수도 있다.

여타 법의학 기관과 달리 국방부에서 유해는 법적 인격(자연인)뿐만 아니라 상징적 인격(호국 영웅)도 부여받는다. 이때 한 개인의 몸(유해)은 국가의 특정한 정치적 이념과 규범이 각인된 장소가 된다. 여기서 '호국'은 한국전쟁 당시 '공산주의 세력'이라는 적을 전제로 성립되는 단어다. '영웅'이라는 말 역시 '공산주의자'로 불리는 적에 맞서 '조국'을 지키다 목숨을 잃은

군인을 의미한다. 고(故) 조영환 하사의 귀환을 다룬 언론 보도는 이를 잘 보여준다. "1950년 8월 수도사단 17연대에 배속돼 참전한 고인은 경북 포항 일대에서 북한군 12사단과 치열한 교전 중 전사 (…) '6·25 호국 영웅' 고 조영환 하사 귀환"처럼 유해는 한 자연인이기보다는 국군, 장교, 부사관, 병사, 계급, 소속, 전투, 임무 등으로 구성된 특정한 정체성을 더 강하게 갖게 된다.[10] 이렇듯 '후속조치' 과정은 유해발굴감식 사업의 당위성(국가를 위해 목숨을 바친 개인과 그 개인의 희생에 책임지는 국가의 윤리적 실천)을 일련의 의례를 통해 응집하고 선언하는 것이다. 그렇게 전사자 유해는 국가에 '귀속'된다.

어떤 죽음을 기억할 것인가

현충원의 시작은 국군묘지였다. 1956년, 조국을 지키기 위해 공산주의자들에 맞서 싸운 군인들과 그 관계자들만 안장될 수 있는 국군묘지가 서울 동작동에 문을 열었다. 한국전쟁을 통해 이승만 정권은 이념적 대립 구도(특히 반공주의)에 기반한 체제 정당성을 공고히 했다. 국군묘지는 그 이념적 기준에 따라 조형된 '국가와 국민'이라는 관념을 사람들이 보고 믿을 수 있는 장소로 조성됐다. 특히 1956년 제정된 현충일은 전사자 유해와 국군묘지를 중심으로 국가와 국민의 정체성을 공식적으로 확인하는 의례였다. 이승만의 현충일 추념사는 반공 군인들의 희생, 충혼, 호국 정신을 부각한 내용으로 채워졌다. 그렇게 국군묘지는 한반도의 양극적 정치체제, 전사자 유해, 현충일, 특정한 정치 세력에 의해 '조국의 품'이 되어갔다.

박정희 정권은 국군묘지를 국립묘지로 개명했고, 문민정부 들어 국립묘지의 이름은 또다시 현충원으로 바뀌었다. 현충원을 둘러싼 국가 상징, 정체성, 기억 만들기는 오늘날 전사자 유해발굴감식 사업을 둘러싼 '서사'와 연결된다. 정부(그중에서도 국방부)가 국가의 입장에서 가치 있고 기억해야 할 '공적인' 죽음을 국군 전사자로 특정함으로써 그 경계 밖에 위치한 사람들의 죽음, 폭력, 관계는 침묵 속에 잠긴다.

한국전쟁에 관한 국가 주도형 기억과 기념은 평화로 가기 위해 거쳐야 할 공동체 내 진실 규명, 반성, 화해의 과정에 눈을 돌리기 어렵게 만든다. 그 지난한 과정이 없다면 아무리 종전선언을 하고, 아군 유해를 찾고, 적군 유해를 송환한다고 해도 '온전한' 평화가 도래하기는 어려울 것이다. 수많은 사람들의 '관계' 속에서 한국전쟁은 아직 끝나지 않았기 때문이다. 이제라도 전쟁으로 인해 비극적 운명을 맞이했던 이들의 일상, 기억, 서사를 공적 세계로 불러낼 수는 없을까? 전사자 유해뿐만 아니라 제주도, 여수, 순천, 영광, 강화도, 경산, 고양, 거창

등지에서 학살당한 민간인 유해도 적극적으로 발굴해야 하지 않을까? 더 늦기 전에 국립묘지 현충원의 위계적 배치에 대해서도 토론을 시작해야 할 것이다.

코로나19

국민의 생명을 지킨다는 말은
무엇일까

한쪽에서는 죽음에 호들갑을 떨고,
다른 쪽에서는 죽음에 침묵하는 이 양극적 현실이
무엇을 가리고 있는지 질문해야 한다.

유년 시절, 겨울이면 혹여 감기에 걸릴까 전전긍긍했다. 감기라는 질병이 두려웠다기보다는 동네 병원이라는 장소가 싫었다. 병원의 진한 소독제 냄새를 맡고, 할아버지 의사의 무뚝뚝한 표정을 볼 때면 몸이 굳었다. 병원에 가는 날은 건강에 대한 의사의 지루한 설교를 듣는 시간이었다. 의사는 진료실 벽에 걸린 커다란 액자를 등지고 앉아서 왜 아프면 안 되는지 열변을 토했다. 그 액자 안에는 "온 세상을 얻고도 건강을 잃으면 무슨 소용이 있겠는가"라는 문장이 있었다. '온 세상'의 자리에 어떤 단어를 넣어도 말이 됐다. 예컨대 '친구', '용돈', '초능력'을 얻고도 건강을 잃으면 아무 소용이 없어 보였다. 시간이 훌쩍 지나 그 문장의 출처를 알게 됐다. 《성경》의 〈마태오 복음서〉 16장 26절 "사람이 온 세상을 얻는다 해도 제 목숨을 잃으면 무슨 소용이 있겠느냐? 사람의 목숨을 무엇과 바꾸

겠느냐?"였다. 원문도 역시 경이로웠다. 이 세상에 건강, 목숨, 즉 '신성한 생명(혹은 하느님의 선물)'보다 더 중요한 것은 없다는 가르침이었다. 최근 코로나19 사태를 겪으며 이 말의 위력을 새삼 떠올렸다.

정부는 코로나19라는 '적'으로부터 국민의 생명을 지키기 위해 동분서주하는 모습이다. 텔레비전 뉴스에 방역 당국 관계자들이 매일같이 노란색 민방위 점퍼를 입고 나와 코로나19 현황과 유의사항을 국민들에게 설명한다. 텔레비전뿐만 아니라 신문, 라디오, 인터넷에서도 전염병 관련 소식은 끊임없이 흘러 퍼진다. 뉴스는 대개 확진자, 완치자, 사망자를 숫자로 '분류'하고, 감염자의 동선을 '추적'하며, 방역수칙 위반을 '경고'하는 당국과 전문가의 말로 구성된다. 정부 방역과 뉴스 구성은 국민의 생명을 시각화한 코로나19 현황을 따라간다.

정부의 방역 조치는 군사작전을 방불케 한다. 정부는 '동원령'을 통해서 병상과 의료진을 쥐어짠다. 사회적 거리두기라는 '소개령'을 통해서는 경제(영업 및 업무 방식 등), 돌봄(병문안, 장례식, 복지시설 이용, 장애인 가정 방문 등), 집회 활동 등을 통제한다. 그러한 명령이 초래하는 국민의 기본권 제한 및 사회적 갈등은 "코로나19 이번 주가 고비", "공동체의 안전을 위협하는 방역수칙 미준수 행위에 대해서는 무관용 원칙을 적용", "잠시 멈춤…… 나와 내 가족, 내 이웃을 지키기 위한 결단", "지금 멈

추지 않으면 영원히 멈출 수 있습니다" 등의 '선전 문구'로 뒤덮인다. 위기감 넘치는 방역 당국의 말과 행위들을 보고 있자면 과연 인간의 생명이 귀중하다는 것을 깨닫지 않을 도리가 없다.

그런데 여기서 말하는 생명이란 무엇인가? 앞서 언급했던 건강, 목숨, 신성함 따위라고 대답할 수 있겠다. 이 생명을 무엇으로부터 지킨다는 말인가? 죽음이다. 최상의 가치를 품고 있는 유일무이한 생명을 위협하는 죽음은 제압 대상이다. 코로나19 사태는 바이러스 자체보다는 이 '신성한 생명'과 '생물학적 죽음' 간에 작동하는 힘의 반향으로 볼 수 있다. 그럼 이 긴급사태가 상정하고 있는 신성한 생명에서 배제되는 또 다른 범주의 생명은 없을까? 죽음의 단위가 달라져도 생명의 가치는 그대로일까? 코로나19 사태는 오늘날 죽음과 생명 사이의 관계를 들여다볼 수 있는 렌즈다.

사람은 모두 죽는다

정부의 방역 조치를 구성하는 죽음의 단위는 '단수(單數)로서의 죽음'이라고 명명할 수 있다. 이 단위는 모든 사람의 죽음을 단일하게 측정하고 판단할 수 있도록 도와준다. 부, 인종,

나이, 계급, 성별, 지역, 종교에 관계없이 누구에게나 단일하게 적용된다. 이 단일성의 비밀은 죽음을 생물학적으로 규정하는 데 있다. 가령 세네갈 어린이와 한국 노인의 심폐사, 또 프랑스 남자와 브라질 여자의 뇌사는 다를 수 없다. 여기서 뇌사는 '되돌릴 수 없는 혼수(irreversible coma)' 상태, 심폐사는 호흡과 심장이 정지한 상태를 가리킨다. 이 생물학적 죽음에 성 차별, 빈부 격차, 세대 차이, 지역 불균형 따위는 존재하지 않는다. 지구상의 모든 사람이 같은 종(호모사피엔스)에 속한다는 것은 모든 사람의 몸(해부학적 구조 및 기능)이 같다는 말이다. 이러한 죽음의 단위에 기반한 코로나19 치명률이나 사망자 숫자는 다양한 개인들의 죽음을 일거에 통합해내고, 사람들은 그러한 수치(추상)를 보며 위험을 인지한다.

'단수로서의 죽음'과 '생명의 가치' 사이의 관계에 주목할 필요가 있다. 인간의 생명은 신성하고 귀중해서 거래의 대상이 될 수 없다고 여겨진다. 가령 장기를 매매할 수 없고, 말기 환자가 연명의료로 고통받아도 안락사를 허용할 수 없는 주요 이유는 그 누구도 인간 생명의 가치를 평가할 수 없다고 믿기 때문이다. 생명은 감히 값을 매길 수 없는 '추상적 가치'로서 존재한다. 사람들은 생명을 지키거나 잃을 뿐이다. 생명을 잃었다는 말은 생물학적 죽음을 맞이했다는 뜻이다. 생명(건강이나 목숨)을 지킨다는 것은 생물학적 죽음(노화나 질병)으로부터 가능한 한 멀어진다는 말이다. '위드 코로나' 이전부터 사람들의 일상은 수많은 질병과 함께였고, 질병으로부터 생명을 지키기 위한 기술 및 노력(백신접종, 건강검진, 건강보조식품 소비 등)은 이미 존재했다.

공중보건의 위기 속에서 이러한 생명과 죽음의 인식 틀은 '국가의 시선'으로 옮아간다. 국민의 생명은 정부가 발표하는 '치명률', '백신접종률', '병상가동률', '감염재생산지수', '확진자 지역별(성별, 연령별) 비율' 등의 통계를 통해서 재현된다. 국민의 생명은 개개인의 목숨이라기보다는 '인구 안정성'이라고 볼 수 있다. 예컨대 공중보건 통계에 기반한 방역 담론 및 조치와 나란히 유통되는 정보가 물가, 금리, 성장률, 고용지수, 국가 재정 등의 경제지표다. 통계학(statistics)은 국가(state) 운영을 위한 지식체계를 구축한다. 즉 인구의 출생, 수명, 죽음, 건강, 부는 긴밀하게 연결되어 있다. 정부 방역의 핵심은 과학적 측정과 행정력을 동원하여 인간이 아닌, '인구'라는 관념적 몸을 안정적으로 관리하는 데 있다.

코로나19 현황은 복잡다단한 사회적 관계망을 숫자들로 치환한다. 정부는 그 숫자들을 따라서 백신접종, 방역패스, 영업시간 제한, 비대면 교육 같은 조치들을 시행한다. 가령 국가처럼 코로나19 사태를 바라본다면, 대구 신천지·이태원 클럽·광화문 집회발 집단감염은 광범위한 지역사회 전파를 초래할 수

있는 공분의 대상이다. '개념 없는 소수의 탈선'은 일종의 범죄
행위로 간주된다. 한편 교도소, 정신장애인 입원병원, 노인 요
양기관 내 집단감염은 시설관리와 감독의 문제로 치부된다.
방역 당국이 밀어붙인 '코호트 격리(시설 봉쇄 및 감염자 공동 격리)'
이면의 삶은 간과된다. 종교, 범죄, 장애, 나이, 성적 지향, 정치
성향 등으로 형성된 기존 규범 및 가치판단은 생명 보호를 표
방하는 공중보건의 문제로 재편된다. 사람의 생명 앞에서 선
악도, 빈부도, 강약도, 좌우도, 상하도 사라진 듯 세상은 '평등'
해 보인다. 하지만 정말 그럴까?

사람은 모두 다르게 죽는다

정부의 방역 저편에 또 다른 형태의 생명과 죽음이 존재한
다. 코로나19 사태에 가려진 죽음의 단위를 '복수(複數)로서의
죽음'이라고 명명할 수 있다. 이 단위는 죽음을 개별화하고 서
사적인 방식으로 나타낸다. 사람들은 죽음도 삶과 마찬가지로
각자의 입장, 상황, 고인과의 관계에 따라 다양하게 인식한다.
노환으로 임종하신 부모님, 불의의 사고로 세상을 떠난 자녀,
투병 생활 끝에 사망한 친구, 생활고로 자살한 이웃은 모두 다
른 죽음이다. 이 단위를 통해서 주목할 점은 불평등한 삶의 조

건과 죽음의 관계다. 언론 보도로 접하는 빈곤사, 하청 노동자 사망 사고, 아동학대 사망 사건, 군대 내 성폭력 피해자 사망 사건 등을 떠올려볼 수 있다. 여기서 죽음은 지역, 학력, 연고, 시간, 나이, 성별, 직업, 노동조건 등과 밀접한 관련이 있다. 열악한 삶의 조건이 생명을 불평등하고 비참하게 만드는 과정을 주시하게 된다.

'복수로서의 죽음'이란 단위로 나타낸 세계에서 만인에게 평등한 신성한 생명은 온데간데없다. 그 대신 불평등한 삶과 죽음이 어수선하게 엉켜 있는 풍경과 마주하게 된다. 독박 돌봄을 하던 보호자가 '간병 살인'을 하게 될 때, 성폭력을 당한 여성이 어떤 도움도 받지 못한 채 스스로 목숨을 끊을 때, 어린이가 어른의 학대로 사망할 때 정부는 부랴부랴 미봉책을 내놓는다. 수많은 노동자의 목숨을 앗아가는 허술한 안전 관리, 위험의 외주화, 비정규직 체제, 초과 근무, '갑질 문화'에 대해서 정부의 반응은 시큰둥하다. 가령 2019년 한 해 산업재해(산재)로 사망한 사람의 수가 무려 2020명이다. 2020년 산재 사망자 수는 2062명(사고 882명, 질병 1180명)이다. 소설가 김훈이 통탄했듯 "사람들이 날마다 우수수우수수 낙엽처럼 떨어져서 땅바닥에 부딪쳐 으깨지는데", 이 죽음들은 정치적으로 또 경제적으로 별다른 가치를 부여받지 못한다.[1] 공적 서사로 응집되지 못한 이 죽음들은 재수가 없거나 팔자가 나쁜 사람들의 '사건(事件이자 私件)'으로 쪼그라든다.

이런 관점에서 코로나19 사태를 다시 살펴볼 필요가 있다. 공중보건 위기 속에서 세간의 이목이 죽음에 쏠리지만, 아이러니하게도 정작 누가, 어디서, 어떻게, 왜 죽었는지에 대한 사회적 관심은 낮은 편이다. 국내 코로나19 사망자 3580명 중 1010명이 노인 요양 시설과 연관돼 있다(2021년 11월 29일 기준).[2] 사망자 세 명 중 한 명에 달한다. 생의 끝자락을 보내던 노인들은 때 아닌 시설 봉쇄로 가족 면회도, 나들이도 어려워졌다. 그러다 환자가 코로나19 확진으로 사망하면 사체는 감염 확산 방지를 위해 선화장·후장례 방식으로 신속히 처리된다. 여건상 확진자·접촉자·비접촉자 분리가 어려운 시설도 있다. 의료진, 요양보호사, 간병사가 감염됐다는 소식이 돌면 해당 시설은 극도의 긴장감에 휩싸인다. 감염된 돌봄 노동자들이 자가 격리에 들어가면 다른 인력이 그 빈자리를 어떻게든 채워야 한다.

코호트 격리 문제는 정신과 폐쇄병동과도 연결된다.[3] 한국 내 첫 코로나19 사망자가 나온 장소가 청도대남병원 정신병동이었다는 점은 우연이 아니다. 당시 해당 병동 입원 환자 104명 중 102명이 '폐쇄적 환경'으로 인해 코로나19에 감염됐다. 104명 중 71명은 강제 입원 환자였다. 감염자들은 국가지정격리병원으로 옮겨져 코로나19 치료를 받았다. 이후 또다시 경상도 내 사립 정신병원으로 전원 조치됐다. 환자에게 중요한 '치료 환경의 변화'에 대한 논의는 코로나19 확산 방지라는 명분에 압도당했다. 특히 강제 입원을 방지하기 위한 입원 적합성 심사와 입원연장 심사가 정부의 방역 지침에 발맞추어 비대면(서면)으로 전환됐다. 환자의 전원과 입원 연장은 더 쉬워진 반면 퇴원은 더 어려워지고, 정신장애인 시설 내 코로나19 집단감염은 계속되고 있다.

불평등한 삶의 조건을 질문할 때

이러한 현실의 이면에는 노인의 돌봄을 가족이 떠맡아야 하는 취약한 복지체계, 얇고 협소한 장애인연금 및 주택지원, 돌봄 노동자의 열악한 노동조건, 약 64만 개 병상 중 10퍼센트를 차지하는 공공병원이 전체 코로나19 환자의 80퍼센트를 감당하고 있는 한국의 기이한 의료체계가 있다.[4] 이 살풍경 속에서도 정부는 방역 성과를 통해 '포스트 코로나 시대'를 이끌어 나가는 '선도국가'가 되겠다며 기염을 토하고 있다.

정부는 방역의 상승효과를 초래하는 기업들의 기술 개발, 설비 투자, 상품 생산을 적극 장려하고 있다. 금융권은 사회적 거리두기로 인해 재난적 피해를 당한 중소기업·소상공인들

대상의 대출 장사로 큰 재미를 보고 있고, 비대면 서비스로 호황을 맞이한 IT 기업들은 기술자들을 대거 채용하고 있다. 전기, 전자, 조선, 유통, 식품, 제약, 바이오, 자동차 분야 대기업들의 매출은 눈이 부실 정도다.

사회적 거리두기로 원자화된 개인들은 더 새롭고 다양한 상품 소비를 통해 감염병 유행에 대응하고 있다. 집에서 음식과 잡화를 주문하고, 운동기구를 이용하고, 게임을 하거나 넷플릭스를 시청한다. 뒤집어 말하면, 각종 비대면 서비스를 이용하는 방법을 모르거나 돈이 부족하거나 주변에 가게가 없거나 몸이 불편하거나 주거 시설이 열악한 시민들은 사회적 거리두기가 사회적 고립이 된다. 더욱이 업무를 별 무리 없이 비대면·재택근무로 전환할 수 있는 직군이나 안정적인 노동조건을 갖춘 기업에서 일을 하는 사람들과 그렇지 못한 노동자들 간의 불평등도 심화된다. 사회적 거리두기로 일자리를 잃거나 가게 문을 닫거나 임금이 줄어든 이들이 집에서 비대면 상품 소비를 통해서 사회적 거리두기를 해야 하는 역설적 상황에 직면한다.

정부, 정치권, 산업계는 감염병으로부터 국민의 생명을 지키기 위한 백신 수급 및 개발 투자, 관련 상품 및 서비스 확대에 대해서는 한목소리를 내는 반면, 코로나19만큼이나 국민의 생명을 위협하는 산업재해에 대해서는 불협화음(예컨대 중대재

해쳐벌법)을 내고 있다. 공중보건 위기 속에서 죽음은 국가의 미래 성장 동력을 위한 원천이 되거나 기업의 기술 개발, 서비스 확대, 상품 생산의 기회로 둔갑되고 있다.

정부의 방역은 '평등한' 생명과 죽음을 선험적으로 전제하고 있지만, 오히려 현존하는 '불평등'한 생명과 죽음을 가리고 더 악화시키는 데 기여하고 있다. 한쪽에서는 죽음에 호들갑을 떨고, 다른 쪽에서는 죽음에 침묵하는 이 양극적 현실이 불평등한 삶의 조건과 사회의 생산방식, 그 해법에 대한 우리의 인식을 어렵게 만들고 있다. 하지만 죽음의 두 가지 단위, 즉 '단수로서의 죽음'과 '복수로서의 죽음'은 대립하는 관계가 아니라 상호보완적인 범주로 봐야 한다. 신성한 생명은 불평등한 삶의 조건을 엄밀하게 논의하고 개선할 때 비로소 지켜질 수 있다. 국민의 생명을 지킨다는 말은 무엇이며, 생명이 신성하다는 말은 또 무엇인가? 오늘날 통용되는 생명과 죽음이란 말이 무엇을 가리키는지 혹은 무엇을 가리고 있는지 질문해야 한다.

12

웰다잉

'잘 죽기 위해 잘 살아야 한다'는
말이 감추는 것들

웰다잉의 유행은 그만큼 사람들이 잘 죽지 못하고 있다는 말이자,
죽음이 개인의 노력으로 대비해야 하는 일이 됐다는 방증이다.

오늘날 '웰다잉(well-dying)'이란 단어를 빼놓고 죽음을 말하기란 불가능해 보인다. 웰다잉은 죽음에 대해 논의하는 곳이라면 어디든지 등장한다. 정부 보고서, 일상 모임, 대중매체, 학술지, 강좌를 종횡무진 누빈다. 인터넷 검색창에 웰다잉을 입력하면 각종 정보가 쏟아진다. 대개 "아름다운 이별을 위한 웰다잉 프로그램", "지자체 웰다잉 프로그램 각광", "웰다잉 교육과 삶의 질의 연구", "웰다잉법과 존엄한 죽음 준비", "임종을 앞둔 환자가 최선의 돌봄을 받을 수 있는 웰다잉", "초고령사회를 대비하기 위한 웰다잉" 같은 것들이다.

그런데 웰다잉이 정확히 무엇을 뜻하는 것일까? '귀에 걸면 귀걸이 코에 걸면 코걸이' 식으로 활용되고 있는 말이 아닌지 묻게 된다. 한 인터넷 사전은 웰다잉을 "품위 있고 존엄하게 생을 마감하는 일"로 풀이한다.[1] 좋은 말 같지만 선뜻 고개를 끄덕이기는 어려운 정의다. 여기서 말하는 품위와 존엄이 무엇인지 명료하지 않기 때문이다. 그래서일까, 한 논문은 웰다잉에 대한 이론적 정의를 시도한다. "한국 사회의 웰다잉이란 죽음에 대한 성찰을 통해 죽음을 막연히 두려워하지 않고 삶의 일부로 받아들이며 생사를 초월하는 가치를 좇아 현재의 삶을 의미 있게 살고, 죽음과 관련된 결정을 가족과 공유하여 가족에게 부담을 주지 않으면서 존엄하게 죽음을 맞이하기 위한 전 생애에 걸친 능동적인 죽음 준비 과정을 말한다."[2] 또 논문은 좋은 죽음과 웰다잉을 구별한다. 좋은 죽음이 "생애 말기 신체, 정서, 사회 기능에 대한 개인의 기대와 같이 인식적 차원에서 죽음에 접근"하는 것이라면, 웰다잉은 "존엄한 죽음을 위해 개인이 적극적으로 취해야 할 삶의 태도와 행동적 차원에서 죽음에 접근"하는 것이라고 지적하면서[3] 말이다.

그 이론적 정의는 웰다잉이 무엇인지 말해주는가? 애석하게도 그렇다고 답하기 어렵다. 인식적 차원이 부각된 좋은 죽음과 실천적 차원이 강조된 웰다잉을 구별해서 다루는 게 의미가 있는지 의문이다. 앞서 인용한 이론적 정의는 웰다잉에 관한 어떤 사소한 것도 놓치지 않겠다는 야망을 드러내지만, 바로 그 이유 때문에 웰다잉이 무엇인지 밝히는 데 실패하고 만다. 그 정의 안에 '죽음' 대신 다른 단어를 넣어도 말이 된다. 예컨대 웰다잉 정의를 활용해 '웰러닝(well-learning)' 같은 개념을 창조할 수도 있다. "한국 사회의 웰러닝이란 배움에 대한 성찰을 통해 배움을 막연히 두려워하지 않고 삶의 일부로 받아들이며 수동적 배움을 초월하는 가치를 좇아 현재의 삶을 의미 있게 살고, 배움과 관련된 결정을 가족과 공유하여 가족에게 부담을 주지 않으면서 존엄하게 배움을 이어가기 위한 전 생애에 걸친 능동적인 배움 준비 과정을 말한다"라고 말이다. 이런 방식으로 '웰트래블링(well-traveling)', '웰드라이빙(well-driving)', '웰토킹(well-talking)', '웰워킹(well-working)'에 관한 논의도 할 수 있을 것이다. 이는 말장난이 아니다.

제대로 죽어야 한다는 다그침

웰다잉도 2000년대 초에 유행했던 웰빙(well-being)이란 '콩글리시'에서 파생됐다는 사실을 환기할 필요가 있다. 당시 웰빙이란 신조어는 '잘 먹고 잘 산다'는 의미로 식품, 의료, 관광, 패션, 방송, 출판, 교육 등 여러 분야에서 유행했다. 웰빙이란 단어가 붙은 제품 및 서비스는 대개 가격도 비쌌지만, 무엇보다 자기 몸을 잘 돌보고 인생을 잘 사는 사람이라는 인식을 유통시켰다.[4] 즉 웰빙은 '지각 있는' 사람의 라이프스타일과 소비 패턴을 의미했다. 웰빙이 무엇인지 말해준 것은 개념 정의가 아니라 담론 효과였다. 그럼 웰다잉은 웰빙과 본질적으로 다를까? 2004년 5월 5일자 한 신문에 실린 시평 "최고의 유산을 남기는 법" 일부를 살펴보자.[5]

> 미국의 백만장자이자 저명한 동기부여가인 폴 마이어는 《성공을 유산으로 남기는 법》이란 책에서 25가지 열쇠 중 마지막으로 "나는 무엇으로, 어떻게 기억되고 싶은가"라는 질문을 던지고 이에 대한 자신의 대답이 바로 진짜 유산이 될 것이라고 말하고 있다. 누구나 사라진다. 그리고 죽는다. 잘 먹고 잘 살자는 '웰빙'이 유행이라지만 진정한 웰빙의 완성은 '웰다잉'에 있다. 죽더라도 제대로 죽고 사라지더라도 멋지게, 최소한 추하진 않게 사라져야 한다. 그러려면 "나는 무엇으로 또 어떻게 기억되고 싶은가"라는 물음 앞에 분명하게 답해야 한다. 그리고 그렇게 기억되고 싶은 모습이 되기 위해 노력해야 한다.

웰다잉이라는 단어는 부자들의 유산에 관한 글을 통해서 처음 언론에 등장한다. 글쓴이는 소위 성공한 사람들을 인용하며 물질적으로 풍요로운 삶뿐만 아니라 정신적으로도 깊이 있는 삶을 살아야 한다고 강조한다. 웰다잉이라는 단어는 여기서 웰빙을 보완하는 말로 사용되는데 미래의 죽음이 마치 현재의 삶을 규정하는 것처럼 보인다. 글쓴이는 죽음 이후에 이루어지는 나에 대한 사람들의 좋은 기억(혹은 평가)을 위해서 '제대로 죽어야' 한다고 다그친다. 제대로 죽는다는 것은 곧 제대로 산다는 것이기 때문에(그 순서를 바꿔도 상관없다), 웰빙에 죽음이라는 요소도 추가하자는 게 글의 요지다. 정리하면, 언론에 처음 등장한 웰다잉은 이른바 성공학이나 처세술 따위의 자기계발 담론(혹은 "호랑이는 죽어서 가죽을 남기고, 사람은 죽어서 이름을 남긴다' 식의 교훈)과 궤를 같이하는 말이었다. 웰빙처럼 아무 데다 갖다 붙여도 좋을 단어였다. 누구의 귀에도 딱히 거슬리지 않는 윤리적 언어 표현이었다.

'능동적인 죽음 준비'라는 말이 감추는 것

그 후로 웰다잉은 죽음이 사회적 이슈로 떠오를 때마다 광의적 표현으로 사용됐다. 예컨대 2004년 6월에 세칭 보라매병원 사건에 대한 대법원 판결이 나오자 웰다잉은 '품위 있게 죽어갈 권리'와 비슷한 의미로 통용되기 시작했다. 환자가 병원에서 인공호흡기를 끼고 온갖 처치를 받으며 비참하게 죽을 수 있다는 공포를 반영하는 말이었다. 품위 있는 죽음을 맞이하기 위한 준비, 연구, 교육이 필요하다는 여론이 웰다잉의 옷을 입고 등장했다. 죽음학회가 창립되는가 하면, 종교단체는

죽음 준비 교육 프로그램을 만들었다.[6]

2009년 전후로 웰다잉 뉴스는 폭증했다. 그 시기에 이른바 세브란스병원 김 할머니 사건에 대한 대법원 판결이 나왔다. 보호자와 의료진이 환자의 연명의료를 둘러싸고 치열한 법정 공방을 벌였다는 이야기가 세간에 알려졌다. 또 김수환 추기경과 법정 스님이 임종을 하면서 죽음에 대한 사회적 관심이 커졌다. 품위 있는 죽음을 맞이하기 위한 준비, 연구, 교육이 필요하다는 여론이 한층 높아졌다.[7]

웰다잉 뉴스는 연명의료결정법이 제정된 2016년에 다시 폭증했다. 당시 연명의료결정법은 '웰다잉법'으로 불렸는데, 쉽게 말해 병원에서 연명의료 없이 주변에 폐 끼치지 않고 죽게 해주는 법으로 통용됐다.[8] 입법을 계기로 지자체들도 '웰다잉 문화'를 조성한다며 시민들에게 유언장, 장기기증, 버킷리스트, 사전연명의료의향서 같은 정보를 제공했다. 명사 특강, 실버콘서트, 심지어 묘비명을 쓰고 관에 들어가 보는 프로그램도 등장했다.[9] 또 한편에서는 웰다잉 비즈니스도 확대됐다. '웰다잉 시대'에 필요한 가전, 가구, 금융, 상조, 보안 등 각종 제품과 서비스가 늘어났다. 그러한 흐름 속에서 웰다잉은 누가 어떻게 말을 하느냐에 따라 변화무쌍한 모습을 보였다. 그 단어는 정치인이 고령화 문제를 걱정할 때, 의료인이 연명의료를 설명할 때, 기업인이 신제품을 홍보할 때, 또 종교인이 윤리적 삶을 가르칠 때에도 흘러나왔다. 웰다잉이란 말은 정치, 경제, 종교, 의료, 복지, 교육, 문화 등 분야를 막론하고 퍼졌다.

웰다잉 현상은 두 가지 점에서 생각해볼 수 있다. 하나는 웰다잉이 죽음에 대한 인식 틀로 자리 잡았다는 점이다. 또 다른 하나는 웰다잉이 현실을 특정한 방식으로 보게 한다는 점이다. 즉 사람들은 웰다잉을 통해서 '죽음'을 생각하고 말할 때 '특정한 현실'을 전제하거나 상상한다는 것이다. 바꿔 말해 사람들의 죽음과 그 현실의 관계가 웰다잉을 통해서 재현되고 있다고 볼 수 있다. 그 죽음과 현실의 관계란 무엇인가? 이 질문에 답하기 위해서는 웰다잉이 죽음(dying)에 부여하는 가치 (well)란 무엇인지 살펴봐야 한다.

웰다잉 담론은 좋은 죽음을 맞이하기 위해서는 '능동적인 죽음 준비 과정'이 필요하다고 강조한다. 쉽게 말해 조금이라도 젊고 건강할 때 미리미리 죽음을 준비해야 된다는 것이다. 앞서 살펴봤듯이 능동적인 죽음 준비 내용은 천차만별이다. 유언장, 버킷리스트, 사전연명의료의향서, 특강, 음식, 상담, 명상, 기도, 보험, 상조, 가전, 검진, 운동, 인테리어, 원만한 대인관계, 화목한 가족생활 등 셀 수 없이 다양하다. 예컨대 2021년 9월 11일 한 신문에는 웰다잉 플랫폼 서비스 업체 대표의 인터뷰 기사가 실렸다.[10]

기본 서비스는 무료로 제공될 것이라고 한다. 상속이나 증여세 계산, 유언장 작성, 사전연명의료의향서 작성 등이다. 대표는 "장례를 치르고 대개 3주 뒤부터 극심한 상실감이 몰려온다고 한다. 이런 유족들을 위한 애도 및 심리 상담 서비스, 고인의 디지털 기록을 보관·정리해주는 클라우딩 서비스 등을 유료로 계획하고 있다"고 말했다. (…) 대표는 "삶의 마침표를 미리 그려보는 것은 현재의 삶에 충실해지는 데 도움이 된다"고 말했다. 자신의 삶을 객관적으로 인지하기 위해선 은행 계좌처럼 내 삶을 총망라한 '인생 계좌'를 정리하는 과정이 필요하다는 것이다. 여기엔 재산뿐 아니라 인간관계, 성취한 것과 아직 이루지 못한 꿈 등이 포함된다.

위 인터뷰 기사의 요지는 한국이 이제 사망자 수가 출생자 수보다 많은 나라가 됐으니 개인이 적극적으로 웰다잉을 준비해야 한다는 것이다. 웰다잉이 저출산·고령화에 붙은 경우다. 해당 기사와 기업 서비스 모두 '능동적인 죽음 준비 과정'이라는 담론과 궤를 같이한다. 주목할 점은 그러한 담론 속에서 죽음이 '생애 설계'의 문제가 된다는 것이다. 웰다잉이란 틀에서 사람들은 마치 재무 설계를 하듯이 죽음에 관한 정보를 수집하고, 계획을 수립하고, 필요한 자원을 계산하고, 가족과 상의하고, 전문가의 도움을 받으면서 불확실한 미래(죽음)를 준비

한다. 죽음은 삶의 중요한 목표가 되고, 사람들은 목표 달성을 위해 일상(몸, 태도, 시간, 자산, 인간관계 등)을 관리한다.

웰다잉 담론이 가리키는 좋은 죽음이란 '독립적이고 자율적인 개인으로서 신체·인지·사회·경제 활동을 최대한 오래 유지하다가 주변 사람에게 폐 끼치지 않고 죽는 것'이다. 웰다잉은 좋은 죽음을 맞이하기 위해서 능동적인 준비를 하게 하거나, 능동적인 준비 없이 나쁜 죽음을 당할 수 있다는 가치 판단을 하게 한다. 앞으로 닥쳐올 죽음에 대해 적극적으로 대비하게 하는, 즉 미래적 수사(rhetoric)를 동원하여 현재를 규정하는 서사로 볼 수 있다. 웰다잉의 핵심은 그 서사를 잘 따르는 것이다.

죽음은 개인의 노력으로만 대비되지 않는다

웰다잉으로 정말 잘 죽을 수 있을까? 웰다잉이 간과하는 것은 없을까? 웰다잉의 주체는 건강하고, 독립적이고, 자율적이고, 윤리적인 존재로 상상된다. 자기결정권을 무리 없이 행사하고, 올바른 생활 습관을 유지하고, 원만한 대인관계도 유지하는 이른바 '좋은 삶을 사는 사람'으로 그려진다. 그 구도에서 나쁜 죽음은 나쁜 삶의 결과로 보인다. 문제는 그런 위인이 현실에 있는지도 의문일뿐더러, 죽음에 이르는 과정에서 누구나 겪는 질병, 간병, 노화, 의존이 주변화된다는 것이다. 즉 좋은 죽음을 위해 노력하지 않는 개인을 질타하고, 질병과 돌봄을 개인의 책임으로 돌리기 쉬워진다.[11]

웰다잉이 강조하는 좋은 죽음(표방)과 능동적인 죽음 준비(실천)라는 '가치의 틀'은 죽음을 각종 기술로 통제할 대상으로 만들고, 정작 죽음을 고통스럽게 만드는 불평등한 삶의 조건에는 주목하지 못하게 한다. 학력, 직업, 소득, 지역 등에 따른 죽음의 불평등성을 '잘 살고 잘 죽어야 한다'는 윤리적 언어 표현으로 가리거나 정당화한다. 웰다잉이 상정하는 자기의 죽음을 능동적으로 준비하는 개인은 자기 주도적으로 삶을 계획하고, 관리하고, 계발하고, 실현하는 '자기 안에 갇힌 주체'로 보인다. 그에게 정책, 제도, 법률, 또 가족, 친구, 동료 등의 이른바 사회적 관계는 잘 죽는 것과는 별 상관이 없는 일로 치부되거나, 자기결정권을 침해하는 존재로 여겨지지 않을까?

웰다잉이 강조될수록 '잘 죽기'는 요원하다. 앞서 살펴봤듯이 웰다잉이 전제하는 '죽음'은 연명의료와 밀접한 관련이 있다. 연명의료를 둘러싼 환자·보호자·의료진 간의 갈등 및 쟁점은 웰다잉이란 광의적 표현으로 풀 수 있는 게 아니다. 그 문제를 다루기 위해서는 한국의 기이한 의료체계, 빈약한 사회보장, 정의롭지 못한 돌봄의 배치에 대한 깊은 관심과 논의가 필요하다.[12] 호스피스 확대, 왕진, 간병 급여화 같은 제도도 절실하다. 각 사안을 충분한 시간을 가지고 검토해야 한다. 또 건강한 몸을 정상으로 여기고 아프고 취약한 몸에 낙인을 찍는 인식을 갱신해야 한다. 돌봄을 집에서 할 일 없는 사람들이나 하는 활동이나 시혜성 사업이 아니라 모든 시민의 문제, 즉 정치의 문제로 다뤄야 한다.[13] 좋은 죽음은 좋은 사회에 대한 고민과 분리될 수 없다.

오늘날 웰다잉의 유행은 그만큼 사람들이 잘 죽지 못하고 있다는 말이자, 죽음이 개인의 노력으로 대비해야 하는 일이 됐다는 방증이다. 마치 죽음이라는 불행을 막는 주술이 등장한 것 같다. 우리는 잘 죽는 것만 고민하면 될 정도로 좋은 삶을 살고 있는가? 그렇게 사는 건 불가능한 일이니 잘 죽는 거라도 고민하는 것일까? 웰다잉은 우리에게 죽음에 관한 두툼한 언어와 상상력을 촉구한다.

13

냉동 인간

초인간적인 미래,
비인간적인 현실

생명은 연장됐는데, 한국 노인들은 세계에서 가장 많이 자살한다.
사람들은 죽을까 봐 두려운 게 아니라 죽지 못해 살까 봐 두려워한다.

2020년 5월, 한국 첫 '냉동 인간'이 나왔다. 혈액암으로 사망한 80대 여성이었다. 그 아들에게 의뢰받은 러시아의 인체 냉동 보존 회사는 시신을 모스크바로 이송한 다음 3단계 절차를 거쳐 냉동 보존했다. 먼저 시신의 혈액 응고 및 뇌손상을 막기 위해 약물을 투여하고 인공 심폐장치를 가동했다. 그리고 혈액을 냉동 보존액으로 치환했다. 체액이 저온에서 결정화되어 세포를 손상시킬 수 있기 때문이다. 끝으로 시신을 영하 196도의 액체질소 냉동 탱크에 안치했다. 이 러시아 기업은 냉동 보존된 고객들을 '환자'라 부른다. 그들과 함께 동결된 반려동물(개, 고양이, 새)도 환자로 지칭한다. 미래의 과학기술이 고객(환자)의 몸을 해동하고 치료할 것으로 전망한다. 인체 냉동 보존 계약 기간은 100년이며, 이 모든 서비스를 이용하는 데 1억 2000만 원 정도의 비용이 든다.

50대 아들은 왜 사망한 노모를 냉동했을까? 그는 SBS와의 인터뷰에서 어머니가 보여준 생의 의지를 외면하기 어려웠다고 밝혔다.[1] 어머니는 앰뷸런스를 타고 병원에 실려 가는 도중에 "아, 나는 아직 가기 싫은데 왜 너네 아버지는 나를 부르느냐"라고 외치며 심하게 몸부림을 쳤다고 했다. 그 모습을 보며 어머니를 허망하게 보낼 수 없다고 생각했고, 결국 인체 냉동 보존을 결심했다는 것이다. 그의 말에 따르면 현재 어머니는 죽은 게 아니라 수면 중이다. 그의 어머니는 정말 자는 걸까? 아니면 '당분간' 죽은 걸까?

이 뉴스는 현재와 미래, 또 죽음과 과학기술의 관계를 생각하게 한다. 인간은 과학기술을 타고 마침내 영생불멸의 시대를 열어낼까? 그 세상은 행복한 유토피아일까? 물론 정답은 아무도 모른다. 우리 삶이 단편적이지 않듯이 우리의 미래 또한 단편적 예언으로 단정 지을 수 없다. 오늘은 어제의 미래라는 말처럼, 미래는 '총체적인 현실'이 남긴 발자국을 뒤돌아볼 때 비로소 확인되는 시간이다.[2] 냉동 인간을 둘러싼 논의에서 주목할 점은 오늘날 죽음이 어떻게 상상되는지, 특히 그 관념 속에서 무엇이 수용되고 또 무엇이 배제되는지를 살펴보는 것이다.

냉동 인간은 자연의 순리를 거스르는가

냉동 인간에 관한 기존 논의는 윤리, 기술 그리고 제도 주변을 맴돌고 있다. 먼저 윤리적 문제 가운데 하나로 당사자의 사전 동의 여부를 꼽을 수 있다. 이는 생명윤리 차원에서 회사가 고객(환자)에게 냉동 보존(의료 서비스)이 무엇인지 그 내용을 문장화해서 이해되도록 설명했는지 확인하는 일이다. 고객의 선택이 '충분한 정보에 의한 자발적 동의'를 거쳐 이루어졌는지 따져보는 것이다. 이 윤리적 틀에 따르면 앞서 언급한 80대 여성의 사례는 문제가 된다. 이 여성은 냉동 보존 서비스를 선택한 적이 없다. 그 아들이 당사자의 사전 동의 없이 결정한 일이다.

게다가 아들의 사랑으로 표현되는 가족윤리는 여론이 지지한 사회윤리와도 충돌했다. 사회윤리는 인간이 '자연의 순리'를 따라야 한다고 강조한다. 가령 신이 아닌 인간은 생로병사를 겪는 존재이고, 그 유한성 때문에 희로애락을 느끼며 삶의 의미를 찾을 수 있다는 관점이다. 이에 따르면 냉동 인간은 죽음을 인정하지 않는 인간의 헛된 탐욕이자 자연의 순리(혹은 신)에 반하는 일이다. 무엇보다 얄팍한 상술로 사람들의 주머니를 터는 기업의 비윤리성은 더 큰 문제다. 자연스러운 생명과 죽음에 돈이 오가는 것은 계층 간에 위화감을 조성하고 공동체를 뒤흔드는 일이기 때문이다.

하지만 이러한 생명윤리나 사회윤리는 냉동 인간을 둘러싼 기술적 논의와 모순적으로 뒤엉켜 있다. 미국의 물리학자 로버트 에틴거(Robert Ettinger)가 체계화한 인체 냉동 보존술(cryonics)은 과학기술로 노화, 질병, 죽음 같은 인간의 한계를 극복하자는 이른바 '트랜스휴머니즘(transhumanism)' 담론과 궤를 같이한다. 그는 1964년 저서 《불멸의 전망(The Prospect of Immortality)》(국내에는 2011년 《냉동 인간》으로 번역)에서 유한한 존재인 인간이 언젠가 의료기술, 생명공학 등을 통해 '초인적' 존재로 거듭날 수 있다고 주장한다.[3] 사망한 인간을 세포 손상 하나 없이 냉동하거나 해동해 치료할 과학기술은 '아직' 없지만, 물리학자 에틴거의 주장 가운데 상당 부분은 '이미' 실현되고 있다. 요즘 언론에는 인공지능(AI)을 통한 질병 진단 및 예측, 카-티(CAR-T) 세포 치료법, 유전자 가위(CRISPR-Cas9), 결빙 방지 단백질, 웨어러블 로봇, 일론 머스크(Elon Musk)가 주도하는 뉴럴링크의 뇌-기계 인터페이스와 같은 첨단 과학기술이 잇따라 보도된다.

사람들은 그러한 과학기술이 인류에게 멋진 신세계를 선사할 거라고 기대한다. 더불어 정부는 새로운 과학기술을 국가의 '미래 먹거리'로 여기고 각종 지원을 아끼지 않는다. 이 같은 사회 분위기 속에서 생명윤리는 유연하게 처리될 수 있다.

가령 과학기술정책 연구자 송화선과 박범순이 지적했듯이, 민, 관, 학 모두의 이해관계가 얽혀 있는 임상시험 산업화 과정에서 생명윤리는 형식화된 서류 작업으로 통용된다.[4] 국가 경제 발전이란 이름으로 정부는 민간의 임상시험 수행에 불편함이 없도록 인프라 구축, 연구비·보조금 지급 등의 방식으로 새로운 판을 짠다. 기업과 병원은 임상시험 진행을 위한 절차와 정책 등을 수립한다. 거기서 연구자는 임상시험에 기반한 지식 생산 및 연구 실적을 올린다. 그렇게 구성된 연결망은 제약·바이오 산업 육성과 과학기술 발전을 위한 더 많은 임상시험 수요를 창출한다. 그 체계에서 환자는 '자발적 동의'라는 형식적 절차만 거치면 어렵지 않게 신약 실험의 대상이 될 수 있다. 이러한 현실에서 인체 냉동 보존을 단순히 비윤리적 행위로 치부할 수 있을까?

냉동 인간을 둘러싼 윤리적, 기술적 쟁점은 결국 제도의 문제로 귀결되는 양상을 보인다. 그 제도적 논의는 비관론과 낙관론으로 요약할 수 있다. 비관론자는 냉동 인간이 기존 제도를 뒤흔들어 사회가 대혼란에 빠질 수 있다고 주장한다. 현재 냉동 보존된 사람은 '공식적(의학 및 법률)'으로 사망한 상태다. 즉 시체가 냉동 보존된 것이다. 법적으로 사망은 생명(심폐 기능)이 절대적이고 영구적으로 정지된 시점을 가리킨다. 이에 따라 권리주체인 사람과 권리주체가 아닌 시체를 구분한다.

가령 죽은 자는 권리를 행사할 수 있는 주체가 아니기 때문에 그의 재산 및 권리는 산 자에게 상속된다. 사람을 죽이면 '살인죄'가 되지만 시체를 훼손하면 '손괴죄'가 적용된다. 그럼 만약에 냉동 보존된 80대 노인이 언젠가 '눈을 뜨면' 그의 법적 지위는 어떻게 될 것인가? 80대 노인이 2500년에 깨어나면 80대 노인일까? 아니면 500대 슈퍼 노인이 될까? 혹시 그를, 알 수 없는 이유로 실종되거나 재난으로 인해 생사불명의 상태에 있다가 살아 돌아온 '생존자'로 인정할 수 있을까? 그가 '쾌유'됐다고 보는 건 어떨까? 이 경우 비가역성을 전제한 죽음의 의학적 정의는 모순에 빠진다.

반면 낙관론자는 이런 제도적 문제로 너무 고민할 필요가 없다고 주장한다. 과학기술의 발전에 따라 기존 제도는 '자연스레' 정비될 것이기 때문이다. 이런 의견은 과학기술이 사회 제도를 결정하거나 선도할 수 있다는 관점과 연결된다. 예컨대 20세기 들어 '뇌사'라는 죽음의 새로운 정의가 생겼지만, 그와 관련된 의료, 규범, 법률 등의 제도는 무리 없이 갱신됐다. 뇌사는 뇌사자의 장기 기증과 분리될 수 없고, 한 사람의 죽음은 다른 환자를 치료하는 일로 이어진다. 바꿔 말해 새로운 과학기술이 나와서 사회가 혼란에 빠지기는커녕 인간의 삶은 보다 풍요로워졌다. 그러므로 냉동 인간에 겁먹기보다 그러한 첨단 과학기술이 더 빨리, 더 강하게 발전할 수 있도록 각종 규

제를 타파해야 한다. 이러한 견해에서 보면 냉동 인간은 죽음
이라는 '문제'를 해결할 기술 진화이자 특정한 미래를 약속하
는 유망 사업이다.

시험관아기 시술의 경우

인류에게 사후 인체 보존은 전혀 낯선 일이 아니다. 모든 사
회는 저마다 시체를 처리하는 방식을 가지고 있다. 시체를 유
해로 남기거나(매장, 화장) 자연에 묻거나(풍장) 몸 안에 넣거나
(식인) 특정하게 배치(미라)한다. 가령 광장에 동상을 설치하거
나 화폐 속에 인물을 새기는 것도 일종의 사후 인체 보존이라
고 볼 수 있다. 산 자는 다양한 형태로 죽은 자의 몸을 보존하
고, 그 '물질성'을 토대로 의례(장례, 제사, 추모, 기념 등)는 이 세상
과 저세상을 이어주는 매개의 역할을 한다. 산 자는 그러한 과
정을 통해 죽은 자가 조상이 되거나 환생하거나 천국에 가거
나 우리 마음속에 살아 있음을 '인지'한다. 사람의 죽음은 사회
의 죽음으로 이어지지 않고, 오히려 사회 성원 간의 유대를 강
화하고 확장하는 정치적 성격을 띤다.
　더욱이 산 자는 자신의 몸 안에 죽은 자의 몸을 받아들임으
로써 개인과 공동체의 아픔을 치유하기도 한다. 예컨대 가톨

릭 신자들이 매우 중시하는 성체성사가 그렇다. 인류를 위해 희생하신 예수님의 몸과 피를 '내 안에' 받아 모심으로써 내 영혼이 곧 나으리라는 믿음은 개인의 안녕을 넘어 이웃과 공동체의 아픔에 공감하고 개입하는 원동력이 된다. 한편 사후 장기 및 시신 기증도 생각해볼 수 있다. 오늘날 중증 환자를 치료하는 중요한 수단인 장기이식은 곧 환자가 자신의 몸 안에 타인의 몸을 받아들여 병을 낫게 하는 방법이라고 해도 과언이 아니다. 물론 여기에는 타인의 피(수혈)도 포함된다. 기증된 시신은 공동체의 안녕을 위해 질병 및 치료법을 연구하고 교육하는 데 쓰인다. 사후 장기 및 시신 기증은 '생명 나눔', '사랑의 실천', '새 삶 선물' 등으로 명명된다.

이런 관점에서 냉동 인간은 그다지 낯설지 않은 아이디어다. 예를 들어 난임 치료법으로 잘 알려진 시험관아기 시술(In Vitro Fertilization)에는 '냉동된' 정자 및 배아가 사용된다. 정자 및 난자 공여자는 임신에 지대한 기여를 하지만, 난임 부부와 그 아기에 대해서 법적으로 어떠한 권리도 행사할 수 없다. 그 임신 과정에서 공여자는 마치 존재하지 않는 사람처럼 '상상'된다. 가령 난임 부부가 정자를 제공받는 시점에 그 공여자가 사망했다면(냉동 정자 보존 기간의 법적 제한은 없다), 본질적으로 난임 부부는 '죽은 이의 냉동된 몸'을 통해서 새 생명을 맞이한다고 볼 수 있다. 여기서 주목할 점은 시험관아기 시술이 그 기술적 특성으로 논란이 되기는커녕, 난임 치료법 중 하나로 기존 친족체계를 비롯한 사회적 제도에 포섭된다는 것이다. 예컨대 저출생 시대를 맞아 이 시술은 난임 부부에 대한 정부 지원 대상으로 분류된다. 그러나 시험관아기 시술을 받을 수 있는 대상은 '결혼한 이성 부부'다. 대한산부인과학회의 보조생식술 윤리지침에 따르면, "체외수정시술은 원칙적으로 부부(사실상의 혼인관계에 있는 경우를 포함)관계에서 시행되어야 한다."[5] 즉 비혼이나 동성·동거 커플은 이 의료의 대상이 아니다. 여기서 이들은 아이를 기를 자격이 없는 사람으로 '상상'된다. 시험관아기 시술에 대한 승인을 검토하는 생명윤리위원회는 결혼한 이성 난임 부부에 대한 의학적 판단과 더불어, 그들이 아이를 키울 만한 경제력을 비롯한 '정상적' 양육 환경을 갖추었는지도 고려할 수 있다. 이처럼 시험관아기 시술은 과학기술이 규범, 정부 정책, 경제적 요소, 법률, 시대 분위기 등에 크게 의존하고 있음을 보여준다.

여기는 생명 연장된 인간이 살 만한 곳인가

냉동 보존된 80대 노인이 과학기술을 통해 언젠가 되살아난다고 해도 사회는 혼란에 빠지지 않을 것이다. 그가 당대 사회

성원들과 어울릴 수 있도록 각종 교육, 의무, 제도 등을 통해 '사회화'될 것이기 때문이다. 가령 영화 〈벤자민 버튼의 시간은 거꾸로 간다〉(감독 데이비드 핀처)가 보여주듯이, 사람이 80대 노인의 몸으로 태어나더라도 80대 노인의 삶을 살지는 않는다 (못한다). 작품 속 사람들은 갓 태어난 벤자민 버튼의 '비정상적인 몸'에 놀라고, 심지어 친부는 아들을 괴물로 여겨 한 요양원에 몰래 버린다. 요양원에서 일하는 부부가 버려진 그를 자식으로 받아들이고, 그는 한 '아이'로서 다른 사람들처럼 생의 주기를 밟아나간다. 벤자민 버튼은 가족, 이웃, 친구와의 관계를 통해 한 사회의 성원이 되어간다. 즉 그는 돌봄의 세계를 경유해 정치의 세계로 나아간다. 영화는 사람인지 아닌지를 규정하는 것은 몸 그 자체가 아니라 그 몸을 세상과 연결시키는 사람 간의 돌봄임을 그려낸다.

이처럼 사람은 자율적이고 독립적인 권리주체(individualized person)인 동시에, 서로 섞이고 의존하는 나눔의 존재(partible person)다. 그런데 냉동 인간을 둘러싼 담론은 인간 삶의 조건에 대한 '구조적 무지'를 강화하고 있다. 그 기술적 가능성은 개인의 권리(특히 선택의 자유)와 사회적 맥락을, 또 삶과 죽음을 대립시킨다.[6] 생애 주기를 통틀어 누구나 겪는 질병, 노화, 의존을 극복의 대상으로 삼거나 기술적 실패로 여기는 규범을 확산시킨다. 과학기술이 사회적 맥락과 무관하게 작동하는 듯한 착

시를 일으킨다. 특히 인간을 언제나 자율적이고 독립적인 존재로 상정한 연구 개발을 활성화한다. 반면 인간이 평생 주고받는 돌봄에 대해서는 침묵한다. 인간이란 존재를 떠받치는 돌봄을 으레 있는 일로 여긴다. 돌봄을 수행하는 사람의 일상, 노고, 책임, 그리고 그를 둘러싼 사회자원의 분배 방식을 따지지 않는다. 그 돌봄 덕분에 사람이 과학, 경제, 교육, 보건, 예술, 종교, 정치, 즉 모든 사회활동을 하고 있는데도 말이다.[7]

사실 우리의 생명은 이미 연장됐다. 1970년대 60세 정도이던 기대수명은 과학기술의 발달로 현재 80세를 넘어섰다. 우리의 생명은 지금 이 시간에도 연장되고 있다. 하지만 우리 삶은 타들어가고 있다. 생명은 연장됐는데, 한국 노인들은 세계에서 가장 많이 자살한다. 정년의 개념은 온데간데없고, 일자리가 최고의 노인복지로 여겨진다. 오늘날 미래는 재테크나 노후 준비를 뜻하는 말로 통용되고 있다. 사람들은 미래에 죽을까 봐 두려운 게 아니라 죽지 못해 살까 봐 두려워한다.

또 생명은 늘어났는데, 일하다가 죽는 사람이 한 해 2000명이 넘는다. 사람들은 인공지능이 그 '죽음의 일자리'마저 빼앗을까 봐 걱정한다. 또 생명은 연장됐는데, 그 생명(노인, 산모, 환자, 어린이, 장애인 등)을 집 안팎에서 돌보는 일은 대부분 여성이 떠맡고 있다. 여성은 남녀노소 모두를 인간으로 만드는 돌봄을 수행하지만 정작 본인은 아프거나 빈곤에 빠지거나 주변화되고 있다.

팬데믹으로 우리 삶은 더욱 불평등해지고, 기후 위기로 이제 공멸을 걱정하는 지경에 이르렀다. 여기는 인간이 살 만한 곳인가? 앞으로도 인간이 살 수 있는 곳인가? 그러고 보면 냉동 인간은 초인간적인(superhuman) 미래가 아니라 비인간적인 (inhumane) 현재 삶의 조건을 묻고 있는 셈이다. 우리의 현재가 냉동 인간의 미래다.

영화관

함께 죽음을 보면서
삶을 실감하는 곳

영화관에서 죽음은 '끝'이 아니라
우리가 현재를 이전과 다른 방식으로 상상하고
수선할 수 있게 하는 동력이다.

2021년 여름, '서울극장'이 문을 닫았다. 거대 멀티플렉스 체인과의 경쟁으로 경영난을 겪다가 코로나 사태가 터지면서 결국 폐관이 결정됐다. 서울극장은 상업영화와 독립·예술영화를 균형 있게 상영하던 곳이었다. 서울환경영화제나 미장센 단편영화제와 같은 축제도 열리던 곳이었다. 더욱이 42년 된 영화관이었다. 시민들의 기억이 저장된 '공공장소'였다.

서울극장 안에는 비영리 민간단체가 운영하는 독립·예술영화 전용관 '인디스페이스'와 '서울아트시네마'도 있었다. 서울극장이 망하면서 두 영화관도 서울 동교동과 정동으로 이사했다. 사실 두 극장은 운영의 어려움으로 여러 번 이사를 했던 이력이 있다. 그럼에도 20년 가까이 독립·예술영화를 폭넓게 소개하고 있다. 학교와 공론장의 역할도 한다. 감독, 배우, 스태프, 평론가, 연구자, 프로그래머는 강의 및 대담을 통해서 관객

과 만난다. 지역에도 작지만 소중한 영화관들이 있다. 대구 오
오극장, 대전아트시네마, 강릉 신영극장, 광주극장도 다양한
프로그램으로 시민들과 만나고 있다.

죽음과 탄생

영화관은 죽음을 생각하기 좋은 장소다. 두 가지 점에서 생
각해볼 수 있다. 하나는 '영화관에서' 죽음을 생각하는 것이고,
또 다른 하나는 '영화관의' 죽음을 생각하는 것이다. 전자와 후
자는 관련이 있다. 내가 처음 경험한 영화관은 앨리스가 흰 토
끼를 따라 들어간 구덩이 같은 곳이었다. 1993년 어느 여름 저
녁, 부모님과 시내에 있는 극장을 찾았다. 그날 볼 영화는 스티
븐 스필버그의 〈쥬라기 공원〉이었다. 극장 안에 내 자리가 있
었다. 좌우 앞뒤를 둘러봤다. 관객은 똑같이 생긴 의자에 앉아,
정면에 있는 거대한 흰 막을 바라봤다. 암전. 순간 한줄기 빛
이 장막에 부딪혔다. 이윽고 눈앞에 사람과 공룡이 날뛰는 말
도 안 되는 세상이 펼쳐졌다. 멸종된 동물을 유전공학 기술로
부활시킨 세상은 출렁거렸다. 불이 켜졌다. 관객은 영화를 보
고 난 감상을 나누면서 자리를 떠났다. 저 말도 안 되는 세상이
'그래도 말이 되는' 이야기로 통한 모양이었다. 극장 밖으로 나

오자 이상한 기분이 들었다. 영화를 보기 전과 후의 세상은 교묘히 달라진 것 같았다.

영화관에서 했던 경험이 큰할아버지 집에서 올리던 제사와 비슷한 데가 있다는 생각이 들었다. 평소에 못 보던 친척을 만나는 날이고, 어수선하던 사람들이 밤 12시를 기해 침묵하며, 열린 대문을 통해서 집 밖의 어둠과 집 안의 빛이 부딪히면 병풍 앞은 영화관의 스크린처럼 변했다. 어른들은 죽어서 보이지 않는 존재를 위해 제사상을 차리고, 축문을 읽고, 절을 했다. 향 냄새가 집 안 가득 퍼지는 그 시간, 아무리 둘러봐도 보이지 않는 존재가 어른들에게는 잘 보이는 듯했다. 신기하게도 친척들의 말, 표정, 움직임을 보고 따라 하면 보이지 않던 존재가 마치 거기 있는 것처럼 느껴졌다. 사람들은 음식을 (보이지 않는 존재와) 서로 나눠 먹으며 옛 기억들을 소환했다. 지금의 일상을 과거의 편린들과 비교하며 재조명했다. 그 과정에서 과거도 현재와 관계를 맺으며 재구성되었다. 직접 경험해보지 못한 시공간, 죽은 존재와 세계가 생동하고 감각되었다. 시간은 느리게 흘렀다. 어떤 느긋함을 선사하는 시차였다. 제사에서 죽음은 망각이 아니라 현재를 갱신하고 확장하는 경험이었다.

영화관이란 무엇인가? 장치에 기록(필름이든 파일이든)된 이미지, 소리, 목소리, 텍스트를 스크린에 비추는 곳이다. 본질적으로 과거를 현재로 불러내는 곳, 사라진 시간과 장소가 현재와 얽히는 곳, 볼 수 없고 보이지 않는 세계를 펼쳐 보이는 곳, 죽은 존재가 스크린 위에서 탄생하는 곳, 관객이 그 '죽음과 탄생'을 마주하는 곳이다. 영화관에서 죽음은 '끝'이 아니라 우리가 현재를 이전과 다른 방식으로 상상하고 수선할 수 있게 하는 동력이다. 그러고 보면 영화관에서 우리는 죽음을 빈번하게 접하고 있는 셈이다.

영화관에서 우리는 어떻게 변화하는가

성인이 되어서 만난 영화 애호가 친구 덕분에 시네마테크를 들락거렸다. 언제부터였을까. 산책할 때 생각나는 영화와 감독이 늘기 시작했다. 특히 시네아스트(cinéaste)이자 인류학자인 장 로슈(Jean Rouch)와 사회학자 에드가 모랭(Edgar Morin)이 함께 연출한 〈어느 여름의 연대기(Chronique d'un été)〉가 마음에 들었다. 그 영화를 보자 유년 시절 영화관에 대해 느꼈던 감정이 되살아났다. 영화는 크게 세 부분으로 살펴볼 수 있다. 도입부에 파리의 길거리를 분주히 오가는 사람들이 나오고, 두 감독은 1960년 여름 파리에 사는 사람들의 일상을 카메라로 살펴보자는 이야기를 나눈다. 이윽고 카메라는 '보통 사람들', 예컨대 지하철 역 주변을 지나는 행인, 거리를 순찰하는 경찰, 파리한 얼굴로 늙음을 말하는 노인, 자동차 공장에서 일하는 노동자, 강제수용소를 다녀온 유대인, 퍽퍽한 외지 생활을 하는 외국인, 사회문제에 관심이 많은 청년, 바캉스를 떠난 어린이의 모습을 부지런히 기록한다. 두 연출가는 엉뚱한 질문을 던지며 촬영 과정을 촉진한다. 카메라 앞에 선 사람들은 "행복하세요?" 같은 물음에 답할 뿐만 아니라 노동조건, 주택 문제, 탈식민지, 언론 보도, 징집, 알제리 전쟁, 인종 차별, 바캉스에 대해서도 의견을 밝힌다(이 주제들은 1960년 파리 사람들의 머릿속이라고 해도 과언이 아니다). 영화 후반은 두 감독과 등장인물들이 극장에 모여 카메라에 기록된 자신들의 모습을 보고 대화를 나누는 장면으로 구성되어 있다. 그들은 카메라에 기록된 나·우리와 현재 객석에 앉아 있는 나·우리 사이를 오가며 무엇이 어떻게 왜곡됐는지, 진실됐는지, 과장됐는지, 솔직했는지, 통했는지, 막혔는지 이야기한다. 상영회 이후 두 감독은 인류학박물관(Musée de l'Homme) 복도를 거닐며 당초의 질문, 카메라에 대한 생각, 사람들의 반응에 대해서 토론한다. 둘은 밖으로 나와 길에서 헤어지고, 영화는 끝이 난다.[1]

〈어느 여름의 연대기〉를 보고 한동안 '몽타주'에 대해서 생각했다. 프랑스어 몽타주(montage)는 동사 몽테(monter)에 행위를 나타내는 접미사 아주(age)가 붙어 파생된 명사다. 흔히 편

집으로 번역되곤 하지만, 살펴보면 꽤 흥미로운 단어다. 동사 몽테는 '오르다'를 의미한다. 즉 인간과 비인간(동식물, 사물, 물질, 신 등)이 아래에서 위쪽으로 움직여 간다는 뜻이다. 이러한 물리적 이동은 인간 사회에서 상징적 의미를 획득한다. 가령 높은 지위를 얻고, 이동 수단을 타고, 주변에서 중심으로 가고, 세력이 왕성해지고, 감정이 치솟고, 소리를 내고, 의례에서 향이 피어나고, 해와 달이 뜨고, 수치 따위가 늘어나고, 공들여 준비한 일을 발표하고, 벽 등에 액자 따위를 걸고, 명성이 커지는 것을 표현할 때 동사 몽테를 쓸 수 있다. 즉 몽타주(혹은 오름)는 '특별한 변화'를 내포하고 있다. 그것은 인간의 신체적 조건을 벗어나는 일, 중력을 거스르는 일, 보이지 않던 것을 보게 하는 일, 들리지 않던 것을 듣게 하는 일이다.

특히 몽타주가 되는 혹은 작동하는 방식에 주목할 필요가 있다. 프랑스어 사전《라루스(Larousse)》는 몽타주를 "특정한 효과를 얻기 위해 다양한 출처의 요소들(텍스트, 소리, 이미지, 사진 등)을 적절한 기술들을 통해 조합하는 행위"로 정의하고 있다.[2] 바꿔 말해 그 '특별한 변화(혹은 효과)'는 세계가 언제나 일관된 덩어리가 아니라 셀 수 없이 많은 삶의 조각이 새롭게 중첩되고, 얽히고, 활성화되는 과정임을 드러낸다. 영화 〈어느 여름의 연대기〉는 카메라가 기록한 이미지·사운드·목소리·텍스트, 그 기록을 극장에서 보는 사람들, 다시 그들 모두를 보는

'우리'가 특별한 변화를 경험할 수 있도록 한다. 세계의 연속과 단절, 그리고 또 다른 연속을 감각하게 한다.

과거가 없는 사람들

꼭 영화관에서 영화를 봐야 그 특별한 변화를 경험할 수 있을까? 집이나 차 안에서 텔레비전, 노트북, 스마트폰으로 영화를 봐도 가능하지 않을까? 가능할지도 모른다. 하지만 우리가 그러한 장치, 장소, 시간 속에서 그 특별한 변화를 적극적으로 꾀할 수 있을지는 의문이다. 예를 들어 본래 기독교에서 교회는 건물이 아니라 신을 경배하는 사람들의 모임을 의미한다. 요컨대 교회의 핵심은 특정한 공간이 아니라 신앙 '활동'에 있다. 따라서 세상 어디든 교회가 될 수 있다. 집에서도, 회사에서도, 야유회에서도 기도와 명상을 통해 신과 관계를 맺을 수 있다. 그럼에도 신자들은 성전이라 불리는 장소에 간다. 신자가 아니라 해도 우리는 그 이유를 직관적으로 알고 있다. 성전에서 예수 그리스도를 '더' 잘 느끼고 만날 수 있기 때문이다. 그곳에는 육중한 대문, 높은 천장, 소리의 울림, 오르간, 종소리, 성가대, 거대한 십자가, 스테인드글라스, 성직자의 의복, 특정한 시간, 의식의 절차가 있다. 즉 성전(절, 굿판, 모스크로 바꿔서 생각해도 상관없다)은 다양한 출처의 기독교적 요소들을 적절한 장치들을 통해 효과적으로 조합해내는 장소다. 사람들은 신자가 아니더라도 때때로 마음의 안정(혹은 특별한 종교적 효과)을 느끼고자 고즈넉한 성당이나 사찰을 찾기도 한다. 이런 관점에서 영화관을 다시 생각할 필요가 있다.

영화관에 모인 관객들은 공통점이 없다. 개중에는 영화 애호가도 있겠지만, 극장에 처음 온 사람, 데이트를 하러 온 사람, 단체 관람이란 이유로 마지못해 온 사람도 있을 것이다. 더욱이 성별, 나이, 직업, 학력, 재산, 인종, 종교, 국적 등의 공통점도 없다. 아키 카우리스마키(Aki Kaurismäki)의 영화에 등장하는 인물처럼 관객은 '과거가 없는' 사람들인 셈이다.[3] 이들을 기다리고 있는 것은 텅 빈 자리와 벽면이다. 즉 과거가 없는 사람들이 서로 섞여서 같은 자리에 앉아, 특정한 시간 동안 흰 막을 쳐다보는 장소가 영화관이다. 그래서 관객은 느긋하다. 과거가 없으니 할 일이 없고, 할 일이 없으니 뭔가를 보는(볼 수 있는) 사람들이다.

영화관에서 관객은 기독교적 경험뿐만 아니라 불교·이슬람교·샤머니즘적 경험도 할 수 있고, 옛날 파리와 오늘날 서울을 비교하기도 하고, 날뛰는 사람과 공룡을 보면서 정치와 과학도 생각한다. 임권택의 〈축제〉를 통해 장례식을, 프레드릭 와이즈먼(Frederick Wiseman)의 〈내셔널 갤러리〉를 통해 미술

관을, 봉준호의 〈인플루엔자〉를 통해 화면을, 에릭 로메르(Éric Rohmer)의 〈녹색 광선〉을 통해 바캉스를, 신수원의 〈오마주〉를 통해 여성 판사를, 압바스 키아로스타미(Abbas Kiarostami)의 〈체리 향기〉를 통해 자동차를 마주하며 '특별한 변화'에 빠져든다.

이전 세계와의 단절은 새로운 세계를 마주할 전기가 된다. 영화관의 '비어 있음'은 새로운 세계를 향한 공동체성을 만드는 바탕이 된다. 텅 비어 있기에 어떤 존재나 세계도 서로 만나고 섞일 수 있다. 굳이 장 뤽 고다르(Jean-Luc Godard)를 들먹이지 않더라도 영화(관)와 정치는 밀접한 관련이 있다. 정치인이 등장하는 영화(관)를 말하는 게 아니다. 영화(관)를 정치적으로 사유하고 제작(이용)하는 것은 기존의 세계를 재구성하는 활동이다. 그것은 우리와 관계를 맺고 있는 현실, 그 현실을 특정한 방식으로 나타내는 관념들을 영화를 통해서 바라보고 또 다른 방식으로 상상하는 작업이다. 세상을 보는 '눈'을 보는 행위(reflection)다. 굳이 로베르 브레송(Robert Bresson)의 표현을 가져오자면 "현실로 현실을 땜질"하는 일이다.[4] 차츰 관객은 영화관에서 경험한 특별한 변화를 극장 밖으로 펼쳐 나간다(projection). 그리고 다시 관객은 영화관에 모여든다.

새로운 세계를 향한 공동체

극장은 새로운 세계를 향한 공동체성을 생성한다. 우선 공동체를 '커뮤니티'라는 단어를 통해서 생각해볼 수 있다. 영어 커뮤니티(community)는 라틴어 코무니타스(communitas)에서 유래했다. 이 단어는 '함께'를 뜻하는 접두사 쿰(cum)과 존재의 상태를 가리키는 접미사 타스(tas), 그 사이에 위치한 명사 무누스(munus)로 구성되어 있다. 무누스는 의무, 봉사, 서비스, 직무, 선물 등을 의미하는 단어다. 철학자 로베르토 에스포지토(Roberto Esposito)의 통찰을 참고한다면, 공동체란 우리 모두가 선물(gift)을 의무적으로 주고받는 관계망이다.[5] 여기서 말하는 선물의 순환은 화폐를 이용한 상품 교환과는 차이가 있다. 예컨대 우리는 선물을 통해서 타인과 긴밀한 관계를 맺는다. 특별한 날에 친구, 친척, 애인, 부모님에게 '내 마음을 담아서' 선물한다. 이 선물의 개념을 확장하면 공공의 이익을 위해 활동하는 비영리단체를 후원하고, 연말연시에 어려운 이웃을 돕고, 재난 현장에서 자원봉사를 하고, 아이와 노인을 돌보고, 세금을 내거나 군복무를 하는 행위도 포함될 수 있다.

이처럼 선물은 단순히 물건이라기보다는 자신의 일부이고, 환대와 호혜다. A가 B에게 선물을 주었다고 해서 B가 A에게 꼭 답례를 해야 하는 것은 아니다. 선물을 받은 B가 C에게 선물을 줄 수 있고, 또 C는 D나 E에게 선물을 줄 수도 있다. 그렇게 선물로 연결된 사람들, 즉 공동체 속에 있으면 결국 A도 누군가의 선물을 받게 된다. 뒤집어 말해, 그 선물은 '갚을 수 없는 빚'이기에 의무와 책임이기도 하다. 공동체는 양면성을 지닌 선물을 통해 유지되는 집단이라고 할 수 있는 셈이다. 이러한 '관계성'을 중심으로 한 공동체의 개념은 언제나 합리적이고 자율적인 권리주체, 즉 '절대적 개인(absolute individual)'으로 구성된 (구성되었다고 상상된) 오늘날 사회의 개념과 대립하기보다는 중첩해 있다.

한편, 이 공동체는 폐쇄적이고 고착적으로 다가올 수도 있다. 가령 한 개인이 태어나기 전부터, 동의하든 안 하든 선물의 의무로 엮여 있는 공동체에서 그는 거대한 기계의 작은 부속품처럼 보인다. 공동체의 변화를 바라는 개인 혹은 개인들의 열망은 어떻게 수용되고 적용될 수 있을지에 대해서 응답하기가 난감하다. 특히 공동체가 특정한 기준으로 내부와 외부를 구분 짓고, 공동체 내부를 위협하는 공동체 외부의 타자를 상정하고 차단한다면(혹은 '면역화'한다면), 역설적으로 공동체는 파괴될 수밖에 없다.[6] 공동체의 원리, 예컨대 관계, 환대, 호혜는 타자와의 의존이나 섞임(혹은 '전염')에 바탕을 두고 있기 때문이다.

그런데 무누스는 의미심장한 단어다. 공연, 극장, 장례라는 의미도 지니고 있다. 즉 공동체는 '극장에서 함께 죽음을 보는 것'이라고 정의할 수도 있다. 영화관과 공동체는 밀접한 관련이 있다. 앞서 언급했듯이, 영화관은 본질적으로 죽음을 생각하는 장소다. '과거 없는 사람들'이 텅 빈 공간에 비친 기록된 세계를 보며 작금의 현실, 그 현실을 현실로 보이게 하는 관념들과 마주하는 곳이다. 관객은 극장 밖에서 그 관념들과 자신의 일상을 연결해서 생각하고, 대화하고, 감각한다. 영화관에서 죽음은 '반영된 현실'을 통해서 삶의 형태와 조건을 탐색하게 한다. 극장에서의 경험은 곧 정치의 경험이다. 타자와의 뒤얽힘이자 열린 공동체를 만드는 실천이기 때문이다.

극장에서 영화를 보는 행위는 공동체를 갱신하고 지속시키는 활동이며, 일상을 신뢰하고 살아가는 방법이다. 관객은 들뜬 마음으로 말이 안 되지만 그래도 말이 되는 세계, 또 사소해 보이지만 중대한 비밀을 간직한 세계를 기대하며 영화관을 찾는다. 충만한 감각을 희구하며 극장으로 모여든다. 우리 곁에 가지각색의 영화를 볼 수 있는 극장이 충분히 있어야 하는 이유다. 영화관은 죽음을 통해서 희망을 비추는 장소다.

1장 집

1 박경애, "한국인의 사망원인 구조, 1983~1993", 〈한국인구학회지〉 18:1, 1995, 167~193쪽.

2 해당 정보는 국민건강보험공단 노인장기요양보험 공식 홈페이지 내 제도개요에서 확인할 수 있다(https://www.longtermcare.or.kr/npbs/e/b/101/npeb101m01.web?menuId=npe0000000030&zoomSize=).

3 해당 정보는 대한민국 정책브리핑 공식 홈페이지에서 확인할 수 있다(https://www.korea.kr/special/policyCurationView.do?newsId=148866645#L1).

4 박완서,《환각의 나비》, 푸르메, 2006, 235쪽.

5 조기현,《아빠의 아빠가 됐다》, 이매진, 2019, 109~128쪽.

2장 노인 돌봄

1 용어 정의는 노인장기요양보험 공식 홈페이지에서 확인할 수 있다(https://www.longtermcare.or.kr).

2 김창엽, "상품화된 의료에 돌봄은 없다", 〈한겨레21〉, 1370호, 2021.

3 이 글에서는 '저출산'이라는 용어를 사용한다. 의료정책학자 김용익은 "인구학에서 '출생(live birth)'은 '출산(total birth)'에서 '사산(still birth)'을 제외한 것을 의미"한다고 지적한다(김용익 외,《복지의 문법》, 7쪽). 즉 출생

과 출산은 학술적으로 다른 개념이라는 것이다. 통계학에서 합계출산율(total fertility rate)은 한 여자가 가임 기간(15~49세)에 낳을 것으로 기대되는 평균 출생아 수를 말한다면, 조출생률(crude birth rate)은 인구 1000명당 출생아 수를 나타낸다(통계청 홈페이지 용어 사전에서 인용). 한편, 오늘날 '저출산' 대신 '저출생'이라는 단어를 사용하는 이유를 잘 알고 있다. 여성은 '국가의 미래'를 위해서 아이를 낳는 존재가 아니다. 아이를 낳아야 할 어떠한 책임도 의무도 없다. 인류학자 김현경의 분석처럼, "사회가 엄마의 의지와 무관하게 태아를 환대하기로 결정하고 엄마에게 임신을 유지하도록 강제한다면, 이는 한 사람의 몸을 다른 사람을 위한 도구로 사용하는 셈이 된다(김현경, 《사람 장소 환대》, 259쪽)."

4 백영경, "사회적 몸으로서의 인구와 지식의 정치-1960년대 〈사상계〉 속의 정치적 상상과 자유주의적 통치의 한계", 〈여성문학연구〉 29호, 2013, 7~13쪽.

5 조은주, 《가족과 통치》, 창비, 2018, 276쪽.

6 라인하르트 코젤렉, 《코젤렉의 개념사 사전 11: 위기》, 푸른역사, 2019 참조.

7 〈2004 보건복지 백서〉, 보건복지부, 2005, 95~97쪽.

8 홍성익, "노인 수가 개발-병원 설립 기준 완화해야", 〈의학신문〉, 2003. 10. 23.

9 권진희, "법 탄생에서 제도가 발전하기까지 주요 이슈를 통해 본 시사점", 〈의료정책포럼〉 15:2, 2017, 8~14쪽.

10 안창욱, "전국 요양병원 1천 개 시대 들어섰다", 〈메디칼타임즈〉, 2012. 3. 23. 안창욱, "작년 요양병원당 요양급여비용 39억 원", 〈의료앤복지뉴스〉, 2021. 11. 5.

11 권지담, "숨 멈춰야 해방되는 곳…기자가 뛰어든 요양원은 '감옥'이었다", 〈한겨레〉, 2019. 5. 13.

12 김항, 《말하는 입과 먹는 입》, 새물결, 2009 참조.

13 김영화 외, 《죽는 게 참 어렵습니다》, 85쪽.

3장 커뮤니티 케어

1 이청준, 〈떠도는 말들-언어사회학서설 ①〉, 《가면의 꿈》, 문학과지성사, 2011, 323쪽.

4장 호스피스

1 국립중앙호스피스센터는 호스피스·완화의료를 "생명을 위협하는 질환을 가진 환자의 신체적 증상을 적극적으로 조절하고 환자와 가족의 심리·사회적, 영적 어려움을 돕기 위해 의사, 간호사, 사회복지사 등으로 이루어진 호스피스·완화의료 전문가가 팀을 이루어 환자와 가족의 고통을 경감시켜 삶의 질을 향상시키는 것을 목표로 하는 의료 서비스"라고 정의한다. 호스피스·완화의료는 입원형, 가정형, 자문형으로 나뉜다.

- 입원형 호스피스: 보건복지부가 지정한 호스피스전문병원의 호스피스 병동에 입원하여 신체적, 심리·사회적, 영적 고통을 완화하는 서비스를 제공받을 수 있다.
- 가정형 호스피스: 보건복지부 지정 호스피스전문병원의 호스피스팀이 환자 집으로 방문하여 서비스를 제공한다.
- 자문형 호스피스: 보건복지부가 지정한 호스피스전문병원의 일반 병동과 외래에서 호스피스팀이 담당 의사와 함께 서비스를 제공한다.

이 세 가지 서비스는 유기적으로 연계되어 있어 입원형 서비스를 받다가 가정형으로 전환할 수 있으며, 가정형이나 자문형을 받다가 필요한 경우 입원형 호스피스로 연계될 수도 있다. 상기 모든 정보는 중앙호스피스센터 공식 홈페이지에서 인용했음을 밝힌다(https://hospice.go.kr:8444/?menuno=9#none).

2 김영화 외, 《죽는 게 참 어렵습니다》, 190~220쪽.

3 이 책에 수록된 '노인 돌봄 - 노인은 국가의 짐인가'에서 노인 요양원과 요양병원의 기이한 관계를 따로 다뤘다.

4 강지연, "활성화되는 시간 '말기'와 말기 돌봄의 시간성: 서울 한 상급종합병동 말기암 병동의 사례를 중심으로", 〈한국문화인류학〉 54:2, 2021,

53~96쪽.

5   David Clark, *Cicely Saunders: A Life and Legacy*, Oxford University Press, 2018
     참조.

6   국립암센터 홈페이지 내 국가암관리사업 소개(https://ncc.re.kr/main.
     ncc?uri=manage01_1)와 국가암정복추진기획단 홈페이지(https://ncc.ncc.
     re.kr/) 참조.

7   권신영,《그래도 마지막까지 삶을 산다는 것》, 클, 2022, 41~150쪽.

5장 콧줄

1   이청준,《축제》, 문학과지성사, 2016, 91쪽.

2   미셸 푸코,《비판이란 무엇인가》, 오트르망 옮김, 동녘, 2016, 94~124쪽.

6장 말기 의료결정

1   연명의료결정법에서 인용. 2018년부터 시행된 연명의료결정법은 그러한
     말기 의료결정을 뒷받침하는 제도라고 할 수 있다. 이 글은 2014년에 수
     행한 현장 연구에 바탕을 두고 있다. 연명의료결정법이 등장하기 직전의
     의료 현장, 그곳의 풍경, 쟁점, 맥락에 주목한다. 이 글을 통해 연명의료결
     정법이 등장한 배경을 또 다른 각도에서 살펴보고, 그때와 현재(2022년
     12월)를 비교해볼 수 있다.

2   Jennifer S. Temel et al., "Early palliative care for patients with metastatic non-
     small-cell lung cancer," *The New England Journal of Medicine* 363:8, 2010, 733-
     42를 보라. 정확히 항암치료와 완화의료를 비교한 연구는 아니지만, 완화
     의료를 받은 환자군의 생존 기간이 증가한 배경과 항암치료의 관계를 조
     명한 논문이다.

3   무속신앙을 원시적 기복신앙이나 미신으로 치부하는 일각의 시선에서 벗
     어날 필요가 있다. 예컨대 인류학자 김성례의 연구는 제주도의 무속신앙
     이 제주 4·3이라는 정치적 폭력을 기억하고, 그 피해와 아픔을 증언하며,
     산 자를 위로하고 죽은 자를 애도할 수 있도록 돕는 제도임을 논증한다.

Seong Nae Kim, "LAMENTATIONS OF THE DEAD: THE HISTORICAL IMAGERY OF VIOLENCE ON CHEJU ISLAND, SOUTH KOREA," Journal of Ritual Studies 3:2, 1989, 251-85를 보라. 김성례,《한국 무교의 문화인류학》, 소나무, 2018도 참조할 것.

4 고려대 국어대사전에서 인용.

7장 안락사

1 은모든,《안락》, 아르테, 2018, 22쪽.

2 같은 책, 32쪽, 47쪽.

3 같은 책, 47쪽.

4 같은 책, 112~113쪽.

5 같은 책, 78쪽.

6 안규백,〈호스피스·완화의료 및 임종 과정에 있는 환자의 연명의료결정에 관한 법률 일부개정법률안〉, 2쪽.

7 한국리서치, "여론 속의 여론 기획: 품위 있는 죽음을 선택할 권리, 존엄사 입법화 및 지원에 대한 국민 여론은?",〈한국리서치 주간리포트〉, 188-2호, 2022, 5쪽.

8 이형규, "조력존엄사 또는 의사조력자살, 과연 허용할 수 있을까",〈메디포뉴스〉, 2022. 8. 25.

9 김준혁, "'조력존엄사법'이라는 이름은 틀렸다",〈한겨레〉, 2022. 6. 21.

10 안도현, "삶을 마무리하는 과정, 비극적 사건으로 만들 필요 없다",〈프레시안〉, 2022. 7. 25.

11 '사건'의 뜻은 국립국어원 표준국어대사전에서 인용(https://stdict.korean.go.kr/search/searchView.do).

12 한국 대법원 2004. 6. 24, 2002도995 살인(인정된 죄명: 살인방조·살인).

13 박국희, "[한국인의 마지막 10년] [2부] 보라매병원 사건 이후…집에서 죽고 싶다는 환자, 퇴원 못 시켜",〈조선일보〉, 2014. 9. 4.

14 신성식, "사망자 10명 중 1명만 집에서 임종, 가정사망 역대 최저",〈중앙

일보〉, 2019. 3. 3.

15 김영화 외,《죽는 게 참 어렵습니다》, 225~233쪽.

16 한국 대법원 2009. 5. 21, 2009다17417 무의미한 연명치료 장치 제거 등.

17 여기서는 대법원이 언급한 '연명치료'라는 단어를 그대로 썼다. 한편 오늘날 '연명치료'와 '연명의료'가 동의어로 사용되는 현상에 대해 생각해 볼 필요가 있다. 혈액종양내과 전문의 허대석은 두 단어를 섬세하게 구분해서 사용해야 한다고 지적한다. 그의 설명은 타당하고 설득력이 있다. "life-sustaining treatment는 '연명의료'로 번역되는 것이 적절하다. 왜냐하면 '연명의료'란 환자에게 이득을 줄 수도 있고 해를 끼칠 수도 있는 가치 중립적인 단어인 반면, '연명치료'란 의료인이라면 반드시 노력해야 하는 덕목이기 때문이다. '치료 중단'을 윤리적으로 받아들이지 못하는 것은 당연하다. 수식어로 '무의미한'을 추가해도 여전히 마음은 편치 못하다." 허대석,《우리의 죽음이 삶이 되려면》, 글항아리, 2018, 73~74쪽.

18 양은경, "[Law&Life] 연명치료 중단해도…의료비는 숨질 때까지 가족 부담", 〈조선일보〉, 2016. 1. 29.

19 허대석, 앞의 책, 39~51쪽.

20 최경석, "김 할머니 사건에 대한 대법원 판결의 논거 분석과 비판: '자기결정권 존중'과 '최선의 이익' 충돌 문제를 중심으로", 〈생명윤리정책연구〉 8:2, 2014, 236~247쪽.

21 유영규 외,《간병살인, 154인의 고백》, 루아크, 2019, 27쪽.

22 한국보건의료연구원, 〈무의미한 연명치료 중단을 위한 사회적 합의안 제시〉, 2009. 10.

23 〈연명의료결정제도〉, 국립연명의료관리기관, 2021.

24 국립중앙호스피스센터 공식 홈페이지 참조(https://hospice.go.kr:8444/?menuno=53).

25 "무의미한 생명 연장은 하지 않겠다. 국내 첫 '조력존엄사법' 발의 안규백 의원 인터뷰", 〈의학채널 비온뒤〉, 2022. 7. 3. 해당 뉴스 영상 참조(https://www.youtube.com/watch?v=glzPq6ut-1I&t=10s).

8장 제사

1 강문식·이현진, 《종묘와 사직》, 책과함께, 2011 참조.

2 마르티나 도이힐러, 《한국의 유교화 과정》, 이훈상 옮김, 너머북스, 2013 참조.

3 홍양희, 《조선총독부의 가족 정책》, 동북아역사재단, 2021 참조.

4 한국민족문화대백과사전에서 인용(http://encykorea.aks.ac.kr/Contents/Item/E0063846).

5 김영란, 《판결을 다시 생각한다》, 창비, 2015, 199~201쪽.

6 현기영, 《순이 삼촌》, 창비, 2019, 60쪽.

7 권헌익, 《전쟁과 가족》, 132~157쪽.

8 한국 대법원 2008. 11. 20, 2007다27670 유체인도 등.

9 김영란, 앞의 책, 201~208쪽.

10 조형근, "우리 시대의 마지막 가부장들", 〈한겨레〉, 2021. 9. 26.

11 강화길, 〈음복(飮福)〉, 《2020 제11회 젊은작가상 수상작품집》, 문학동네, 2020, 9~39쪽.

12 정세랑, 《시선으로부터,》, 문학동네, 2020, 83쪽.

9장 무연고자

1 김예나, "'쓸쓸한 마지막' 무연고 사망자, 해마다 증가…지난해 2천 880명", 〈연합뉴스〉, 2021. 3. 28. 해당 기사는 "현재 분명한 기준에 따라 정밀하게 집계된 통계조차 없는 데다 관련 정책 역시 미흡한 수준이라 대책 마련이 시급하다는 지적"을 하고 있다.

2 천호성, "하루 9명씩…외롭게 세상 떠났다", 〈한겨레〉, 2022. 12. 14. 박대하, "죽어서도 외면당하는 고독사…기준 없어 통계도 못 낸다", 〈복지타임즈〉, 2022. 7. 18.

3 한국 헌법재판소 2015. 11. 26, 2012헌마940 시체 해부 및 보존에 관한 법률 제12조 제1항 위헌 확인.

4 김현철, "자기결정권에 대한 법철학적 고찰", 〈법학논집〉19:4, 2015,

357~372쪽.

10장 현충원

1 해당 정보는 국립서울현충원 공식 홈페이지 내 국가원수묘역 소개란에서 확인할 수 있다(https://www.snmb.mil.kr/snmb/218/subview.do).

2 장관석, "한국 대통령, 현충원 묘지 338m²…美 대통령 규정의 75배", 〈동아일보〉, 2018. 4. 14.

3 한홍구, "국립묘지를 보면 숨이 막힌다", 〈한겨레21〉, 576호, 2005.

4 이연철, "[특파원 리포트] 북한, 미군 유해 55구 송환…트럼프 '김정은에 감사'", 〈VOA(Voice of America, 미국의 소리)〉, 2018. 7. 27.

5 해당 정보는 국방부 유해발굴감식단 공식 홈페이지 내 단장 인사말에서 확인할 수 있다(https://www.withcountry.mil.kr/mbshome/mbs/withcountry/subview.jsp?id=withcountry_070100000000).

6 2022년 10월 6일 윤석열 정부는 국가보훈처를 국가보훈부로 승격한다는 내용을 담은 정부조직 개편안을 발표했다. 이번 계기로 '국가보훈'이라는 개념에 대해서도 폭넓은 토론이 이루어지길 바란다. 특히 국가보훈이 반공을 기반으로 한 국가주의에 아직도 머물러 있는 것은 아닌지 성찰할 필요가 있다.

7 해당 자료는 행정안전부 국가기록원 공식 홈페이지 내 6·25전쟁 피해 현황에서 확인할 수 있다(https://theme.archives.go.kr/next/625/damageStatistic.do).

8 진실·화해를 위한 과거사 정리 기본법이 개정되어 2020년 12월 10일 '진실·화해를 위한 과거사 정리위원회'가 재출범한 것은 고무적인 일이다. 위원회의 활동을 적극 지지한다. 다만 위원회 활동 기간이 한시적이고, 방대한 조사 범위를 다루기에 조직의 규모와 자원이 충분하지 않다. 위원장 선출을 둘러싼 '정치적 논란'도 걱정거리다. 한국전쟁 전후 민간인 희생에 관한 조사 및 유해발굴과 국방부의 유해발굴 사업의 관계에 대해서도 토론과 연구가 필요할 것으로 보인다.

9   해가 바뀌어도, 언론사가 달라도 기사의 내용은 대동소이하다. 최문한,
    "6.25전사자 유해발굴은 숭고한 책무", 〈신아일보〉, 2014. 4. 24. 양지웅, "'끝
    까지 찾아 가족 품으로' 육군 6사단 철원서 유해발굴 나서", 〈연합뉴스〉,
    2020. 10. 7.

10 김귀근, "'23세 6·25전사자' 67년 만에 가족 품에 안겼다", 〈연합뉴스〉,
    2017. 1. 17. 연합뉴스, "'6·25 호국 영웅' 故조영환 하사 귀환", 〈서울신문〉,
    2017. 1. 17.

11장 코로나19

1   김훈, "[왜냐면] 아, 목숨이 낙엽처럼", 〈한겨레〉, 2019. 5. 14.

2   김연희, "올해 요양 시설의 겨울은 2020년 겨울과 다를까", 〈시사IN〉,
    743호, 2021.

3   이가연, "[2020년 결산] 청도대남병원 정신장애인들은 어디로 갔을까?",
    〈비마이너〉, 2020. 12. 31.

4   김명희, "왜 덩치 큰 민간병원 대신 '최약체' 공공병원이 뛰어야 할까", 〈시
    사IN〉, 744호, 2021.

12장 웰다잉

1   해당 웰다잉 정의는 네이버 국어사전에서 인용했다(https://ko.dict.naver.
    com/#/entry/koko/0be27682371b4b458503ff39ab104ed4).

2   김가혜·박연환, "한국사회의 웰다잉 개념분석", 〈근관절건강학회지〉
    27:3, 2020, 235쪽.

3   같은 논문, 235쪽.

4   김상훈·이진한, "[건강] '웰빙(Well-being)' 속으로…새 문화냐 상술이
    냐", 〈동아일보〉, 2004. 1. 11.

5   정진홍, "[중앙 시평] 최고의 유산을 남기는 법", 〈중앙일보〉, 2004. 5. 5.

6   안수찬, "오늘 학회창립 학술대회/'죽음'을 연구한다", 〈한겨레〉, 2005. 6.
    4. 윤정국, "웰빙시대 잘 죽는 법…'불교평론' 겨울호 특집", 〈동아일보〉,

2006. 1. 27.

7   정현용·박건형·류지영, "[5080] 당신이 갑자기 죽는다면…생각해보셨나
    요?", 〈서울신문〉, 2009. 1. 24.

8   이정은··유근형·임현석, "연명의료 중단 '웰다잉法' 국회 통과", 〈동아일보〉,
    2016. 1. 9. 이창곤, "'웰다잉법' 국회 통과…2018년 시행", 〈한겨레〉, 2016. 1.
    8.

9   김인유, "'평안한 죽음을 준비한다'…지자체 '웰다잉' 프로그램 각광", 〈연
    합뉴스〉, 2016. 8. 31.

10 박성민, "출산보다 많아진 죽음…'웰다잉'은 어떻게 준비할까[박성민의
    더블케어]", 〈동아일보〉, 2021. 9. 11.

11 조한진희, 《아파도 미안하지 않습니다》, 동녘, 2019 참조.

12 이 책에 수록된 '말기 의료결정 – 누구의 목소리에 귀 기울여야 할까'에서
    연명의료 문제를 따로 다뤘다.

13 정치철학자 김희강의 책 《돌봄민주국가》를 참조할 것.

13장 냉동 인간

1   〈SBS 스페셜〉 629회, "불멸의 시대 2부: 냉동인간", 2021. 8. 22.

2   전치형·홍성욱, 《미래는 오지 않는다》, 문학과지성사, 2019 참조.

3   로버트 에틴거, 《냉동 인간》, 문은실 옮김, 김영사, 2011 참조.

4   송화선·박범순, "초대받은 임상시험: 한국 임상시험 산업화 과정에서 생
    명자본(biocapital)과 윤리 가변성(ethical variability)", 〈과학기술학연구〉
    18:3 2018, 1~44쪽.

5   대한산부인과학회 보조생식술위원회, 《대한산부인과학회 보조생식술 윤
    리지침》, 2021, 7쪽.

6   과학기술학자 하대청의 다음 논문을 참조할 것. "수요의 발명와 기술적
    명령: 생존기증자 장기이식의 생명정치", 〈한국문화인류학〉, 53:2, 2020,
    213~246쪽.

7   조안 C. 트론토, 《돌봄 민주주의》, 김희강·나상원 옮김, 박영사, 2021 참조.

14장 영화관

1 아쉽지만 이 글은 영화에 대해서는 깊이 다루지 않는다. 향후 작품에 대해
   자세히 이야기할 수 있는 기회가 있기를 기대한다.

2 프랑스어 사전《라루스》에서 인용. 원문은 다음 웹사이트를 참조(https://
   www.larousse.fr/dictionnaires/francais/montage/52472).

3 이 표현은 아키 카우리스마키 감독의 2002년 작 〈과거가 없는 남자(Mies
   vailla menneisyytta)〉를 보고 떠올린 것이다. 그의 영화들을 통해서 영화관
   과 공동체에 대해 다각도로 생각할 수 있었다. 아키 카우리스마키 회고전
   을 기획한 서울아트시네마 측에 감사드린다.

4 Robert Bresson, *Notes sur le cinématographe*, Gallimard, 55쪽.

5 Roberto Esposito, *Communitas: The Origin and Destiny of Community*, Stanford
   University Press, 2010 참조할 것.

6 Roberto Esposito, *Immunitas: The Protection and Negation of Life*, Polity Press,
   2011 참조할 것.

참고문헌

- 고든, 콜린 외,《푸코 효과》, 이승철 외 옮김, 난장, 2014.
- 권헌익,《전쟁과 가족》, 정소영 옮김, 창비, 2020.
- 권혁란,《엄마의 죽음은 처음이니까》, 한겨레출판사, 2020.
- 김관욱,《사람입니다, 고객님》, 창비, 2022.
- 김동춘,《전쟁과 사회》, 돌베개, 2006.
- 김상숙 외,《한국 현대사와 국가폭력》, 푸른역사, 2019.
- 김영선,《존버씨의 죽음》, 오월의봄, 2022.
- 김영옥 외,《새벽 세 시의 몸들에게》, 봄날의책, 2020.
- 김영화 외,《죽는 게 참 어렵습니다》, 시사IN북, 2021.
- 김용익 외,《복지의 문법》, 한겨레출판사, 2022.
- 김유담,《돌보는 마음》, 민음사, 2022.
- 김승섭,《우리 몸이 세계라면》, 동아시아, 2018.
- 김준혁,《모두를 위한 의료윤리》, 휴머니스트, 2021.
- 김창엽,《건강의 공공성과 공공보건의료》, 한울, 2019.
- 김초엽·김원영,《사이보그가 되다》, 사계절, 2021.
- 김태우,《한의원의 인류학》, 돌베개, 2021.
- 김현경,《사람, 장소, 환대》, 문학과지성사, 2015.
- 김형숙,《도시에서 죽는다는 것》, 뜨인돌출판사, 2017.

- 김혜진,《9번의 일》, 한겨레출판사, 2020.
- 김희강,《돌봄민주국가》, 박영사, 2022.
- 김희경,《이상한 정상가족》, 동아시아, 2017.
- 몰, 아네마리,《바디 멀티플》, 송은주 외 옮김, 그린비, 2022.
- 박중철,《나는 친절한 죽음을 원한다》, 홍익출판미디어그룹, 2022.
- 백영경 외,《다른 의료는 가능하다》, 창비, 2020.
- 변진경 외,《가늘게 길게 애틋하게》, 시사IN북, 2020.
- 서동진,《자유의 의지 자기계발의 의지》, 돌베개, 2009.
- 서보경, "가운뎃점으로 삶과 죽음이 뭉쳐질 때 : HIV 감염의 만성질환화와 삶·죽음의 퀴어성",〈경제와 사회〉 129, 2021.
- 아렌트, 한나,《인간의 조건》, 이진우 옮김, 한길사, 2019.
- _____,《전체주의의 기원 1》, 박미애·이진우 옮김, 한길사, 2006.
- _____,《혁명론》, 홍원표 옮김, 한길사, 2004.
- 양창모,《아픔이 마중하는 세계에서》, 한겨레출판사, 2021.
- 유운성,《어쨌거나 밤은 무척 짧을 것이다》, 보스토크프레스, 2021.
- 에르츠, 로베르,《죽음과 오른손》, 박정호 옮김, 문학동네, 2021.
- 이상운,《아버지는 그렇게 작아져간다》, 문학동네, 2014.
- 이승철, "마을 기업가처럼 보기: 도시개발의 공동체적 전환과 공동체의 자본화",〈한국문화인류학〉 53:1, 2020.
- 이현석,《다른 세계에서도》, 자음과모음, 2021.
- 이현정, "세월호 참사와 사회적 고통: 표상, 경험, 개입에 관하여",〈보건과 사회과학〉 43, 2016.
- 장일호,《슬픔의 방문》, 낮은산, 2022.
- 전치형,《사람의 자리》, 이음, 2021.
- 전혜원,《노동에 대해 말하지 않는 것들》, 서해문집, 2021.
- 정긍식,《조선시대 제사승계의 법제와 현실》, 한국학중앙연구원출판부, 2021.
- 정아은,《당신이 집에서 논다는 거짓말》, 천년의상상, 2020.

- 제소희 외, 《아프면 보이는 것들》, 후마니타스, 2021.
- 조문영, 《빈곤 과정》, 글항아리, 2022.
- 조문영·이승철, "'사회'의 위기와 '사회적인 것'의 범람: 한국과 중국의 '사회건설' 프로젝트에 관한 소고", 〈경제와 사회〉, 113, 2017.
- 조은주, "인구구조의 변화와 새로운 법규범의 요청: 저출산·고령사회기본법 비판", 〈법과 사회〉, 61, 2019.
- 천정환, 《자살론》, 문학동네, 2013.
- 최현숙, 《작별 일기》, 후마니타스, 2019.
- 프랭크, 아서, 《아픈 몸을 살다》, 메이 옮김, 봄날의책, 2017.
- 하상복, 《죽은 자의 정치학》, 모티브북, 2014.
- 황두영, 《외롭지 않을 권리》, 시사IN북, 2020.

- Bell, Catherine, *Ritual Theory, Ritual Practice*, Oxford University Press, 2010.
- Biehl, João, *Vita: Life in a Zone of Social Abandonment*, University of California Press, 2013.
- Brodwin, Paul, *Everyday Ethics: Voices from the Front Line of Community Psychiatry*, University of California Press, 2013.
- Carsten, Janet and Stephen Hugh-Jones eds., *About the House: Lévi-Strauss and Beyond*, Cambridge University Press, 1995.
- Carsten, Janet, *After Kinship*, Cambridge University Press, 2003.
- Das, Veena and Clara Han eds., *Living and Dying in the Contemporary World: A Compendium*, University of California Press, 2016.
- Daston, Lorraine, "Life, Chance & Life Chances," *Daedalus* 137:1, 2008.
- Dickenson, Donna, *Me Medicine vs. We Medicine: Reclaiming Biotechnology for the Common Good*, Columbia University Press, 2013.
- Fassin, Didier, *La vie. Mode d'emploi critique*, Seuil, 2018.
- _____, *Les Mondes de la santé publique. Excursions anthropologiques. Cours au Collège de France, 2020-2021*, Seuil, 2021.

- Franklin, Sarah, and Margaret Lock eds., *Remaking Life and Death: Toward an Anthropology of the Biosciences*, School of American Research Press, 2003.

- Foucault, Michel, *Naissance de la Clinique. Une archéologie du regard medical*, PUF, 1963.

- Godelier, Maurice ed., *La mort et ses au-delà*, CNRS Éditions, 2014.

- Kaufman, Sharon R., *And a Time to Die: How American Hospitals Shape the End of Life*, University of Chicago Press, 2006.

- _____, *Ordinary Medicine: Extraordinary Treatments, Longer Lives, and Where to Draw the Line*, Duke University Press, 2015.

- Kleinman, Arthur, "Moral Experience and Ethical Reflection: Can Ethnography Reconcile Them? A Quandary for 'The New Bioethics'," *Daedalus* 128:4, 1999.

- Lambek, Michael ed., *Ordinary Ethics: Anthropology, Language, and Action*, Fordham University Press, 2010.

- Lock, Margaret, *The Alzheimer Conundrum: Entanglements of Dementia and Aging*, Princeton University Press, 2013.

- Whitehouse, Harvey and James Laidlaw eds., *Religion, Anthropology, and Cognitive Science*, Carolina Academic Press, 2007.

감사의 말

이 책은 주간지 〈시사IN〉에 연재한 "죽음과 마주하며"를 기초로 하고 있다. 넓은 지면을 내준 편집국에 감사드린다. 장일호 기자님의 조언과 격려 덕분에 연재를 무사히 마칠 수 있었다. 연재 때 함께한 신선영 기자님의 사진을 책에 담을 수 있어 영광이다. 두 기자님께 감사드린다.

한편 책에 실린 "말기 의료결정 – 누구의 목소리에 귀 기울여야 할까"는 서울대학교병원 암케어병동/호스피스센터 주최 심포지엄 "남성 암 환자를 위한 완화의료"(2014.10.29.)에서 발표한 글을 수정·보완한 것이다. 허대석 선생님의 가르침 덕분에 말기 의료에 대해서 깊이 공부할 수 있었다. 이 자리를 빌려 감사드린다. 또 "노인 돌봄 – 노인은 국가의 짐인가"는 연세대 동서문제연구원–한국보건사회연구원 주최 "저출산·고령사회 문화 환경에 대한 진단과 정책적 함의" 제3차 포럼 "젠더, 돌봄, 가족, 가족문화"(2022.10.7.)에서 발표한 글을 재가공한 것이다. 포럼에 초대해준 김인춘 선생님께 감사드린다. 또 "웰다잉 – '잘 죽기 위해 잘 살아야 한다'는 말이 감추는 것들"은 학술지 〈문명과 경계〉에서 주최한 좌담 "'웰다잉' 담론을 넘어: 조력존엄사 논쟁과 '생명윤리'의 아포리아"(2022.12.27.)에서 토론한 내용을 바탕으로 쓴 글이다. 좌담에 초대해준 천정환 선생님께 감사드린다.

호스피스 의사로서 말기 돌봄에 대해 늘 연구하는 김호성 선생님과 번역가 이민희 선생님께서 초고를 읽고 귀중한 조언을 해줬다. 감사드린다. 이 책은 어크로스 출판사의 편집자인 강태영 선생님의 제안과 격려가 없었다면 세상에 나오지 못했을 것이다. 원고를 세밀히 살피고 매력적인 책으로 다듬어주었다. 책을 쓰면서 많이 배웠고 또 즐거웠다는 말을 전하고 싶다. 김형보 대표님 외 관계자들에게도 감사드린다.

마지막으로, 내가 하는 공부에 늘 관심을 갖고 지지해주는 부모님과 동생, 내 유년 시절을 따뜻하게 감싸준 조부모님께 감사의 마음을 전한다.

* 이 책에 실린 사진의 저작권은 〈시사IN〉 신선영 기자에게 있다.

각자도사 사회

초판 1쇄 발행 2023년 2월 15일
초판 4쇄 발행 2023년 12월 7일

지은이 송병기
발행인 김형보
편집 최윤경, 강태영, 임재희, 홍민기, 박찬재
마케팅 이연실, 이다영, 송신아 **디자인** 송은비 **경영지원** 최윤영

발행처 어크로스출판그룹(주)
출판신고 2018년 12월 20일 제 2018-000339호
주소 서울시 마포구 양화로10길 50 마이빌딩 3층
전화 070-5080-4113(편집) 070-8724-5877(영업) **팩스** 02-6085-7676
이메일 across@acrossbook.com **홈페이지** www.acrossbook.com

ⓒ 송병기 2023

ISBN 979-11-6774-090-8 03330

만든 사람들
편집 강태영 **교정** 윤정숙 **표지디자인** 조슬기 **본문디자인** 송은비 **조판** 박은진